Leonard Shtika

Desafios e benefícios do desenvolvimento de um projeto de código aberto

Leonard Shtika

Desafios e benefícios do desenvolvimento de um projeto de código aberto

ScienciaScripts

Imprint

Any brand names and product names mentioned in this book are subject to trademark, brand or patent protection and are trademarks or registered trademarks of their respective holders. The use of brand names, product names, common names, trade names, product descriptions etc. even without a particular marking in this work is in no way to be construed to mean that such names may be regarded as unrestricted in respect of trademark and brand protection legislation and could thus be used by anyone.

Cover image: www.ingimage.com

This book is a translation from the original published under ISBN 978-620-2-00918-8.

Publisher:
Sciencia Scripts
is a trademark of
Dodo Books Indian Ocean Ltd. and OmniScriptum S.R.L publishing group

120 High Road, East Finchley, London, N2 9ED, United Kingdom
Str. Armeneasca 28/1, office 1, Chisinau MD-2012, Republic of Moldova, Europe
Printed at: see last page
ISBN: 978-620-7-75972-9

ÍNDICE DE CONTEÚDOS

Resumo

O aparecimento do Software Livre e de Código Aberto (FOSS) transformou o sector do software. Nos últimos anos, o interesse pelo FOSS tem crescido exponencialmente, desde os programadores individuais até aos gigantes da tecnologia, como a Google ou a Microsoft.

Esta dissertação apresenta os desafios e os benefícios do desenvolvimento de uma estrutura de "gestão de conferências" de código aberto e de pilha completa.

O primeiro aspeto que é discutido nesta dissertação diz respeito à pesquisa, comparação e seleção do fluxo de trabalho e das ferramentas de código aberto mais adequadas para o desenvolvimento. O objetivo deste projeto não é apenas fornecer um bom produto ao utilizador final, mas também apoiar o movimento e a comunidade open-source no processo de desenvolvimento.

O desenvolvimento de uma estrutura de "gestão de conferências" de fonte aberta, incluindo uma aplicação Web, uma API RESTful e uma aplicação móvel, é o segundo tema abordado. A estrutura em desenvolvimento pretende ser intuitiva, fácil de utilizar e abrangente para o seu utilizador e, ao mesmo tempo, simples e divertida para que outros programadores possam contribuir para o seu desenvolvimento.

Por fim, são descritos todos os desafios e benefícios decorrentes do desenvolvimento, a fim de preparar o leitor tanto para as dificuldades de empreender e manter um projeto de código aberto como para os ganhos no contexto pessoal, empresarial e social.

1 Antecedentes

Neste capítulo, analisaremos a ideia e o conceito de software livre e de código aberto. Também vamos investigar diferentes abordagens e metodologias no processo de desenvolvimento de software de código aberto e os diferentes papéis na comunidade de software de código aberto.

1.1 Software gratuito e de código aberto

O software livre e de código aberto é um software de computador que está licenciado para ser utilizado, copiado, estudado e alterado de qualquer forma sem pagar nada a ninguém. O seu código fonte é partilhado e os programadores são encorajados a estudar e a melhorar a conceção do software.

Utilizar e criar software livre e de código aberto, mais do que uma decisão económica e comercial, pode ser uma decisão política e ética que afirma o direito de aprender e partilhar o que aprendemos com os outros.

1.1.1 História

Em 1983, Richard Stallman iniciou o Projeto GNU [1] para escrever um novo sistema operativo completo, livre de restrições à utilização do seu código fonte.

Alguns anos mais tarde, ele fundou a Free Software Foundation (FSF) [2], uma organização sem fins lucrativos com a missão de promover a idéia do "Software Livre" como uma questão de liberdade, e não de preço. Como a palavra "livre" em inglês significa também gratis (sem preço), R. Stallman usou sua famosa citação para explicar este conceito:

"Deves pensar em 'livre' como em liberdade de expressão, não como em cerveja grátis". De acordo com a FSF, um programa é considerado 'Software Livre' quando o seu utilizador tem as seguintes 4 liberdades essenciais:

Liberdade 0: executar o programa para qualquer fim que desejar

Liberdade 1'. estudar e alterar o código-fonte para o adaptar às suas necessidades

Liberdade 2". partilhar (copiar, distribuir) com os seus vizinhos

Liberdade 3: redistribuir as suas versões modificadas a outros

As liberdades 0 e 1 proporcionam um controlo individual sobre o programa, o que significa que cada utilizador pode adaptar o software às suas necessidades. Por outro lado, as liberdades 2 e 3 proporcionam um controlo coletivo que dá a toda a comunidade a possibilidade de beneficiar.

No final dos anos 90, o termo "Open Source" foi adotado por alguns programadores dos movimentos de software livre. Este termo recebeu um grande impulso na "Cimeira do Código Aberto" organizada em 1998 pelo editor de tecnologia Tim O'Reilly. O evento reuniu os líderes de alguns dos mais importantes projectos de software livre e de código aberto, incluindo Linus Torvalds (o criador do Kernel Linux), Larry Wall (criador do Perl), Brian Behlen- dorf (um dos principais criadores do servidor Web Apache), Guido van Rossum (criador do Python) e muitos outros.

Durante esta reunião, foi discutida a superioridade do processo de desenvolvimento aberto, inspirado pelo anúncio da Netscape de libertar o código fonte do Netscape Communicator [3]. Foi também discutida a confusão causada pelo termo "software livre". Em resultado, foi proposto o rótulo "Fonte Aberta". Poucos dias depois, foi criada a Iniciativa de Código Aberto (OSI) [4] como uma organização geral de educação e defesa para promover o desenvolvimento colaborativo aberto.

O enorme sucesso do termo "Código Aberto" "enterrou" o termo "Software Livre" de R. Stallman e a sua mensagem sobre os valores sociais e a liberdade dos utilizadores, pelo que este se opôs fortemente à abordagem e à terminologia da OSI. Ele descreve o 'Open Source' como uma metodologia de desenvolvimento e o 'Free Software' como um movimento social.

Atualmente, o movimento "Software Livre" e o movimento "Código Aberto" são como dois campos separados dentro da comunidade de software livre com uma enorme contribuição para a nossa sociedade.

Quando o software pode ser classificado como software livre e software de fonte aberta, o rótulo "Software Livre e de Fonte Aberta" (FOSS) é utilizado para preencher a lacuna entre os dois campos.

1.1.2 Licenciamento

Uma licença de software é um instrumento legal que rege a utilização ou redistribuição de software.

Existem duas categorias de licenças de software: software proprietário e FOSS. A principal diferença entre as duas é a concessão de direitos de modificação e reutilização de software obtido por um cliente.

O software proprietário não licencia estes direitos ao cliente e, por isso, mantém o código-fonte oculto, enquanto o FOSS licencia ambos os direitos ao utilizador e, por isso, inclui o código-fonte modificável no software.

A FSF e a OSI são duas das organizações mais conhecidas que fornecem directrizes e definições relativas a licenças de software.

A FSF mantém algumas licenças de software [5] de acordo com a sua interpretação da 'Definição de Software Livre' [6] e a OSI reconhece uma lista de licenças de código aberto certificadas [7] de acordo com a sua própria 'Definição de Código Aberto' [8].

As licenças gratuitas e de código aberto são normalmente classificadas em duas categorias:

- Licenças *de proteção* ou copyleft (uma brincadeira com a palavra copyright) que exigem que os mesmos direitos sejam preservados no software derivado.

- Licenças *permissivas* com requisitos mínimos sobre como o software pode ser redistribuído.

Enquanto as licenças FSF suportam apenas a abordagem de proteção, a OSI aceita ambas. Existe uma mão-cheia de licenças de software de código aberto padrão e bem conhecidas. No entanto, escolher uma licença para o seu código pode revelar-se uma decisão confusa. Por isso, alguns sítios Web estão disponíveis para ajudar nesta escolha. Um dos nossos favoritos é o site choosealicense.com [9] do Github.

Algumas das licenças FOSS mais utilizadas atualmente são:
- A Licença *MIT* é uma licença permissiva que é curta e direta. Ela permite que as pessoas façam o que quiserem com o código, desde que atribuam a autoria e não o responsabilizem. Alguns dos programas que usam a Licença MIT sãojQuery, .NET Core e Rails.

- A *GNU GPLv3* é uma licença copyleft que requer que qualquer pessoa que distribua o código original ou um trabalho derivado disponibilize a fonte sob os mesmos termos, e também fornece uma concessão expressa de direitos de patente dos contribuidores aos utilizadores. Alguns dos programas que usam a GNU GPLv3 são o Bash, o GIMP e o Privacy Badger.

- A Licença *Apache* 2.0 é uma licença permissiva semelhante à Licença MIT, mas também fornece uma concessão expressa de direitos de patente dos contribuidores aos utilizadores. Alguns dos programas que usam a Licença Apache 2.0 são Android, Apache e Swift.

1.2 Processo de desenvolvimento OSS

O ponto principal do processo de desenvolvimento de código aberto é o facto de ter de ser realmente aberto. Todos os programadores devem ter o mesmo acesso ao código-fonte e poder participar plenamente nas discussões e decisões sobre a conceção do software.

1.2.1 A catedral e o bazar

Em 1997, Eric S. Raymond (um conhecido defensor do software de código aberto e programador de software) escreveu um ensaio muito citado [10] e, mais tarde, um livro [11] intitulado "The Cathedral and the Bazaar".

Este livro analisa os métodos de engenharia de software, com base nas suas observações sobre diferentes processos de desenvolvimento de software livre e compara dois modelos diferentes:

O primeiro é o modelo Cathedral, no qual o código-fonte está disponível em cada versão do software, mas o código desenvolvido entre as versões é restrito a um grupo exclusivo de desenvolvedores. Ele apresentou como exemplos o GNU Compiler Collection (GCC) e o GNU Emacs.

O segundo é o modelo Bazaar, no qual o código é desenvolvido à vista do público através da Internet. Eric. S. Raymond considera Linus Torvalds (líder do projeto do kernel do Linux) o inventor deste processo. O principal argumento de Raymond no seu livro é que "com olhos suficientes, todos os erros são superficiais" (chamou a isto a lei de Linus). Isto significa que quanto mais amplamente disponível estiver o código fonte para revisão pública, testes e experimentação, mais rapidamente todas as formas de erros serão descobertas e corrigidas. Por outro lado, no modelo da Catedral, é necessário despender uma grande quantidade de energia e tempo para encontrar erros, uma vez que a versão funcional do código está disponível para poucos programadores.

É aqui que reside a decisão de utilizar o modelo de desenvolvimento Bazaar para a criação do nosso quadro de "Gestão de conferências".

1.2.2 Metodologia de desenvolvimento

Na engenharia de software, uma metodologia de desenvolvimento é uma estrutura utilizada para estruturar, planear e controlar o processo de desenvolvimento. Duas das metodologias mais conhecidas são a cascata e a ágil.

Modelo em cascata

O modelo em cascata é considerado a abordagem clássica do ciclo de vida do desenvolvimento de software, em que o desenvolvimento é visto como fluindo (como uma cascata) através de várias fases (Figura 1.1).

A primeira descrição deste método é frequentemente citada num artigo publicado por Winston W. Royce [12] em 1970, embora Royce não tenha utilizado o termo "cascata" nesse artigo.

O desenvolvimento em cascata tem objectivos distintos para cada fase de desenvolvimento, em que cada fase deve ser totalmente concluída antes de se poder iniciar a fase seguinte.

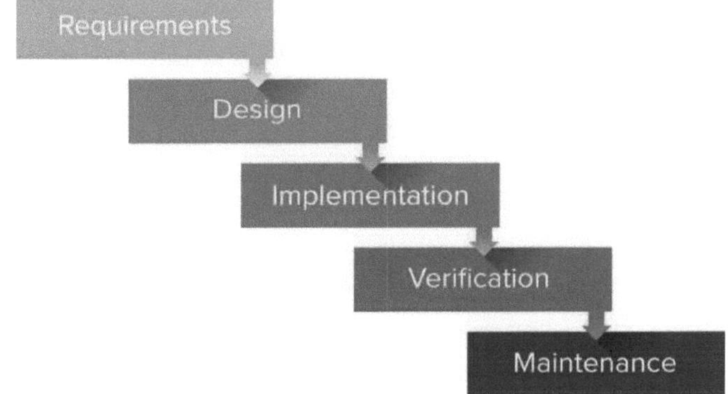

Figura 1.1: Modelo em cascata

M Saini & K Kaur [13] analisaram o ciclo de vida de desenvolvimento e as várias fases em que consiste. Vamos vê-las brevemente.

- *Fase 1:* Análise e especificação dos requisitos

Nesta fase, estão a ser recolhidos e analisados vários requisitos para o software.

Todo o projeto está a ser avaliado em termos de dados de entrada/saída, processamento necessário para transformar a entrada na saída requerida, análise de custos, etc. No final desta fase, está a ser gerado um documento de Especificação dos Requisitos de Software (SRS).

- *Fase 2:* Conceção

Na fase de conceção, é efectuada a tradução dos requisitos especificados no SRS para a estrutura lógica. Esta fase termina com a criação do documento de conceção do software (SDD).

- *Fase 3:* Implementação

A implementação ou codificação é a fase em que é efectuada a programação propriamente dita.

- *Fase 4:* Verificação

Nesta fase, o código é testado e avaliado para garantir a correção do software produzido.

- *Fase 5:* Manutenção

Esta fase é responsável pela pós-implementação e manutenção do software para o seu correto funcionamento.

A vantagem do modelo em cascata é o facto de ser muito simples de compreender e utilizar. Funciona bem para pequenos projectos em que os requisitos são muito bem compreendidos. Uma das maiores desvantagens é que, quando o projeto está na fase de testes, é muito difícil voltar atrás e alterar algo que não foi bem pensado na fase de conceção. Outra desvantagem é o facto de nenhum produto funcional ser lançado antes do final do ciclo de vida.

É óbvio que este modelo não é adequado para um projeto de código aberto em que os requisitos mudam com muita frequência.

Modelo ágil

O desenvolvimento ágil é um tipo de modelo incremental em que o software é desenvolvido em ciclos incrementais e rápidos (Figura 1.2). Agile é, na verdade, um termo utilizado para identificar um grupo de metodologias. Algumas das mais populares são: Scrum, Extreme Programming (XP), Lean Development

Decorria o ano de 2001 quando um grupo de visionários do software se reuniu numa estância de esqui para partilhar as suas experiências e perceber por que razão tantos projectos de software estavam a falhar. Não se tratava apenas de documentar as melhores práticas, eles sabiam que a indústria necessitava de uma mudança fundamental de valores e assim nasceu o "manifesto ágil" [14].

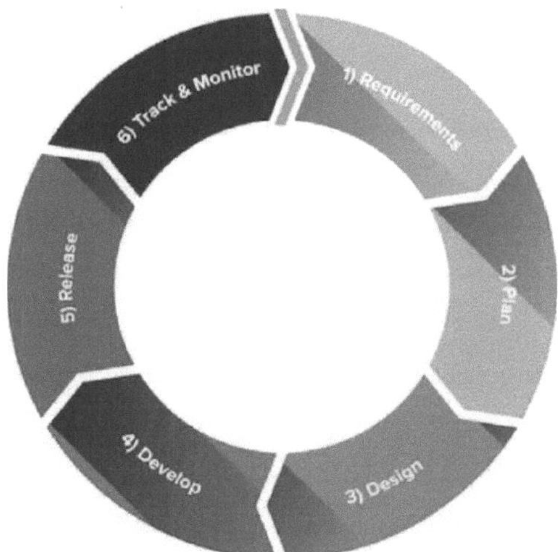

Figura 1.2: Modelo ágil

A declaração destes quatro valores arrojados tornou-se a base de uma nova abordagem ao desenvolvimento de software que mudou a indústria para sempre. Estes quatro valores são:

- Indivíduos e interacções em vez de processos e ferramentas.

Isto não significa deitar processos e ferramentas pela janela fora; significa simplesmente que uma boa conversa cara a cara deve prevalecer sobre fluxos de trabalho rígidos e formas de comunicação pessoais

- 2. Software funcional e documentação completa.

O desenvolvimento tradicional de software produzia frequentemente uma extensa documentação antes de o programa ser lançado para os testes iniciais. Alguma documentação é boa, mas não seria melhor ter o programa do que um livro a descrevê-lo?

- 3. Colaboração do cliente na negociação do contrato

É claro que queremos começar com algumas orientações iniciais, mas, em vez de fechar os clientes numa caixa, definindo os pormenores exactos do projeto antes do seu início, as equipas e o cliente devem colaborar para encontrar as melhores soluções

- 4. Reagir à mudança em vez de seguir o plano

Nunca nada corre totalmente de acordo com o planeado, por isso, em vez de continuar com algo que não está a funcionar, é muito mais eficaz fazer ajustes à medida que a situação muda.

Seguir estes valores nem sempre é fácil, mas quando são integrados nos processos da equipa, a recompensa é enorme.

Uma das maiores vantagens do modelo ágil é a entrega contínua de software útil. Por outro lado, a maior desvantagem deste modelo é que apenas os programadores seniores são capazes de tomar o tipo de decisões necessárias durante o processo de desenvolvimento. Por isso, é difícil para os programadores juniores, a menos que sejam combinados com recursos experientes.

O Extreme Programming (XP) é atualmente um dos modelos de ciclo de vida de desenvolvimento ágil mais conhecidos e inclui elementos como: programação em pares, teste de todo o código e evitar a programação de novas funcionalidades até estas serem realmente necessárias.

Fuggetta [15] argumenta que o XP é um método extremamente útil para o desenvolvimento de software de código aberto. Segundo ele, todos os métodos de programação Agile são aplicáveis ao desenvolvimento de software de código aberto, devido ao seu estilo incremental e iterativo.

1.2.3 Ciclo de vida de um projeto de código aberto

Ao observar diferentes projectos de código aberto, reparei que o seu ciclo de vida é bastante diferente. Eis as fases por que passa um projeto de código aberto típico.

- *Fase 1:* Conceito

Nesta fase, alguém sente a necessidade de um projeto. A ideia nasce e as primeiras linhas de código são escritas. O repositório do projeto está a ser criado, mas definitivamente sem qualquer documentação.

- *Fase 2:* Desenvolvimento inicial

Um ou dois committers estão a trabalhar no projeto. Poderá haver um ou dois utilizadores a brincar com o projeto e a dar feedback. Estão a ser lançadas algumas versões pré-lançadas.

- *Fase 3:* Construir a comunidade

Agora é a altura de procurar alguns bons programadores. O ficheiro README.md é completado para ajudar os novos programadores a preparar o ambiente de desenvolvimento e o sítio Web do projeto é criado. Todos os interessados no projeto podem agora aprender mais sobre ele e esperamos que o experimentem.

- *Fase 4:* Desenvolvimento

Atualmente, existem vários programadores dedicados a trabalhar em alguns bugs e funcionalidades. O projeto está numa fase em que muitas funcionalidades estão concluídas e o produto está agora estável. Alguma documentação começou a surgir sob a forma de documentos API, algumas FAQs e guias de iniciação.

- *Fase 5:* Maturidade

O projeto tem um sítio Web ativo com muitas informações, guias, fóruns, blogues, etc. Existem muitas questões em aberto e foi criada uma hierarquia de colaboradores para avaliar e aprovar as alterações. Nesta fase, não há dúvida de que este projeto veio para ficar e oferece um valor real aos utilizadores.

1.2.4 Estrutura em projectos de código aberto

Uma das diferenças essenciais entre um projeto de código aberto e um projeto proprietário não é o direito de aceder e modificar o código fonte, mas a transformação do papel das pessoas envolvidas [16].

Num projeto de software de código aberto não existe uma separação clara entre um utilizador e um programador, como acontece num projeto proprietário. Qualquer utilizador pode converter-se em programador a qualquer momento. Este fator conduz um projeto de código aberto a uma estrutura de utilizadores diferente.

Num projeto de software proprietário, as funções são atribuídas por alguém responsável. Em vez disso, num projeto de software livre, cada membro atribui a si próprio um papel com base no seu interesse ou capacidade pessoal. Esta é uma das principais vantagens de um software de código aberto, porque permite que a pessoa certa desempenhe uma determinada função [17].

Stefan Koch concluiu, com base no seu estudo de caso [16], que os principais papéis num projeto de código aberto são

Líder de projeto

O chefe de projeto é normalmente a pessoa que iniciou o desenvolvimento do software. Ele supervisiona todo o projeto e toma decisões sobre a sua direção. O chefe de projeto é frequentemente responsável por:

- liderar o desenvolvimento do projeto
- ciclos de libertação
- garantia de qualidade
- aceitação ou rejeição de patches
- resolução de conflitos técnicos

Membro principal

Um membro principal é alguém que está envolvido há muito tempo no projeto e que contribuiu significativamente para o mesmo. Normalmente, quando um projeto cresce, a estrutura de funções evolui de um líder de projeto para um grupo de membros principais que decidem coletivamente a direção do software.

Programador ativo

Um programador ativo é um colaborador regular em quem o líder do projeto ou os membros principais confiam. Eles não só escrevem o seu próprio código, como também ajudam frequentemente a juntar as alterações de outros programadores menos reconhecidos.

Programador de periféricos

A contribuição de um programador de periféricos é muito irregular e a maioria deles está envolvida numa ou duas questões. Por exemplo, mais de 90% dos programadores Linux contribuíram uma ou duas vezes.

Relator de erros

Um repórter de bugs é alguém que encontra e reporta bugs. O seu papel é muito importante, porque a presença de muitos relatores de erros aumenta a qualidade do projeto. "Com olhos suficientes, todos os bugs são superficiais" (lei de Linus).

Leitor

Os leitores são utilizadores que tentam compreender o funcionamento do software através da sua utilização e da leitura do código-fonte. Os projectos populares de código aberto são desenvolvidos por programadores muito experientes, pelo que o seu código é frequentemente utilizado como recurso pedagógico para a aprendizagem. Os leitores também actuam como revisores que exercem pressão sobre os programadores em termos de qualidade.

Utilizador passivo

O utilizador passivo é o utilizador final do software. É alguém que não está envolvido no código-fonte do software. Os utilizadores passivos desempenham um papel importante, porque a sua presença atrai e motiva mais programadores.

1.2.5 Programador full-stack

Outro conceito importante é o conceito de programador full-stack. O nosso projeto vai abranger uma grande variedade de tecnologias diferentes e vai precisar de programadores que compreendam o maior número possível dessas tecnologias. É claro que para o líder do projeto e para os programadores principais é absolutamente necessário que tenham um conhecimento sólido de todas elas. Vejamos então o que significa ser um programador full-stack atualmente.

Um programador full-stack é alguém que se sente confortável a trabalhar com tecnologias front-end e back-end, uma pessoa que tem um conhecimento geral de todas as etapas do processo de desenvolvimento, desde o conceito até ao produto final.

Para ser mais específico, significa que o programador tem um bom conhecimento de áreas e tecnologias como:

- Rede de servidores e ambiente de alojamento (shell scripting, computação em nuvem, virtualização)

- Sistemas de gestão da configuração de software e de controlo de versões
- Linguagens do lado do cliente (Html, CSS, JavaScript) e do lado do servidor (PHP, Python, Ruby)
- Tecnologias Web e móveis
- Bases de dados relacionais ou não relacionais
- Interagir com APIs e o mundo externo
- Conceção da experiência do utilizador (UX) e da interface do utilizador (UI)
- Garantia de qualidade
- Preocupações de segurança em toda a pilha
- Compreender as necessidades dos clientes e da empresa

Um programador full-stack não precisa de dominar todas as áreas, porque isso é quase impossível. Em vez disso, ele só precisa de se sentir confortável a trabalhar com essas tecnologias, e isso também é suficiente.

Geralmente, estas competências são desenvolvidas ao longo de muitos anos no contexto de diferentes projectos, pelo que ser um programador full-stack significa sair da zona de conforto para aprender constantemente novas competências.

1.2.6 Motivação para participar e contribuir

Uma pergunta muito comum sobre software de código aberto é por que razão um programador participa num projeto de código aberto que não oferece quaisquer recompensas financeiras.

Segundo Walt Scacchi [18], alguns inquéritos começaram a colocar estas questões e os resultados são os seguintes:

1. Muitos programadores querem partilhar os seus conhecimentos com outros programadores. Por isso, retribuir à comunidade é uma óptima razão.

2. A participação num projeto de código aberto dá aos programadores a oportunidade de aprenderem novas competências. Apesar de o trabalho num projeto de código aberto não ser remunerado, estas competências dão-lhes uma oportunidade de obter melhores oportunidades de emprego.

3. Os programadores de código aberto gostam de programar em geral, mas gostam de projectos de código aberto, porque seleccionam as suas próprias tarefas em vez de lhes serem atribuídas por outra pessoa. Também gostam do facto de serem reconhecidos como colaboradores de

confiança.

Neste ponto, surgiram duas questões, com a esperança de obter algumas respostas até ao final deste projeto:

- Como podemos encontrar colaboradores para o nosso projeto?
- Como é que os mantemos motivados?

2 Seleção das ferramentas para o projeto

Neste capítulo, vamos analisar, comparar e selecionar as diferentes ferramentas necessárias para o desenvolvimento do nosso projeto. Uma vez que desenvolvemos uma estrutura livre e de código aberto, seria contra a sua filosofia utilizar software proprietário para o desenvolvimento. Assim, um dos principais critérios para a seleção das nossas ferramentas de desenvolvimento é a exigência de que sejam de código aberto.

Como já foi referido, o objetivo deste projeto não é apenas fornecer um bom produto ao utilizador final, mas também apoiar o movimento e a comunidade de código aberto no processo de desenvolvimento.

2.1 Controlo de versões e colaboração

O que é o "controlo de versões"?

É um sistema que regista as alterações de um ou mais ficheiros ao longo do tempo. Esta coleção de ficheiros, juntamente com uma base de dados especial que regista um histórico completo de todas as alterações, é designada por repositório.

Um sistema de controlo de versões (VCS) permite-nos reverter um ficheiro ou todo o projeto para um estado anterior, comparar alterações ao longo do tempo, ver quem modificou algo que pode estar a causar um problema, quem introduziu um problema e quando, e muito mais.

Existem muitos VCS por aí e eles são frequentemente divididos em duas categorias: "centralizado" e "distribuído". Os sistemas de controlo de versões centralizados baseiam-se na ideia de que existe uma única cópia "central" do projeto algures (provavelmente num servidor) e que os programadores "submeterão" as suas alterações a esta cópia central. Por outro lado, os sistemas de controlo de versões distribuídos adoptam uma abordagem ponto-a-ponto e não dependem necessariamente de um servidor central para armazenar todas as versões dos ficheiros de um projeto. Em vez disso, cada programador "clona" uma cópia de um repositório e tem o histórico completo do projeto no seu próprio disco rígido. A capacidade de trabalhar desligado de um servidor central, uma vez que cada programador tem uma cópia completa do projeto, dá uma grande vantagem ao VCS distribuído. Atualmente, o sistema de controlo de versões distribuído mais popular é o Git [19]. É um projeto de código aberto que foi concebido por Linus Torvalds com base nas necessidades do projeto do kernel do Linux e que pretende ser muito rápido, flexível e robusto.

Tudo isto faz do Git o sistema de controlo de versões perfeito para a nossa estrutura de "Gestão de conferências".

Repositório em linha

Para o nosso projeto, vamos precisar de um serviço de alojamento de repositórios baseado na Web, para o qual todos os colaboradores podem enviar e receber o seu código.

No que respeita aos repositórios em linha gratuitos, dois são os principais intervenientes: Github [20] e Bitbucket [21]. Ambos são gratuitos para projectos de código aberto e oferecem várias funcionalidades de colaboração, como o acompanhamento de problemas, wikis, etc. Uma vez que o quadro de "gestão de conferências" será de código aberto, ambos se adequam às nossas necessidades, mas utilizaremos o Github porque, atualmente, tem mais de 15 milhões de utilizadores [22], o que faz dele o maior anfitrião de código fonte do mundo. Devido a este facto, é provável que os programadores que contribuirão para o nosso projeto estejam mais familiarizados com o fluxo de trabalho do Github.

Acompanhamento de problemas

A maioria dos projectos de software tem um rastreador de problemas de algum tipo. Mesmo o nosso projeto precisará de uma forma de acompanhar as tarefas, as melhorias e os erros. O Github tem um ótimo rastreador chamado 'Issues' que está disponível em todos os repositórios.

Além disso, utilizaremos um "quadro de waffles" [23], que é uma ferramenta de gestão de projectos simples e de código aberto para os nossos problemas no GitHub. Isto tornará o controlo de problemas uma tarefa muito mais fácil.

Os pormenores do fluxo de trabalho serão explicados no próximo capítulo.

2.2 LAMPstack

Para o desenvolvimento da aplicação Web, precisamos de um ambiente de desenvolvimento instalado e configurado no nosso computador ou numa máquina virtual.

LAMP é um acrónimo e representa 4 componentes principais:

- Linux, o sistema operativo mais popular para o desenvolvimento Web,
- Apache, o software do servidor Web que trata de todos os pedidos dos visitantes
- MySQL, o motor de base de dados
- PHP a linguagem de programação para gerar páginas Web dinâmicas.

Cada um destes componentes é de código aberto e de utilização gratuita, o que contribuiu para a sua popularidade.

A pilha LAMP é uma das pilhas mais populares para a criação de sítios Web e aplicações Web, mas não é, obviamente, a única. Os sítios Web baseados no Windows executam frequentemente o IIS em vez do Apache, o servidor SQL em vez do MySQL e o ASP.NET em vez do PHP. As aplicações que executam JAVA em vez de PHP utilizam frequentemente o IBM WebSphere ou o WebLogic da Oracle para tratar os pedidos Web e utilizam frequentemente o motor de base de dados da Oracle para armazenar dados.

Devido à sua popularidade e ao facto de todos os componentes serem de código aberto, o LAMP é o candidato perfeito para o nosso projeto.

2.3 Escolher uma estrutura PHP

PHP significa PHP Hypertext Preprocessor (acrónimo recursivo) e é uma linguagem de programação de código aberto, do lado do servidor. Pode ser utilizada com diferentes sistemas de gestão de bases de dados, incluindo o MySQL. O PHP pode ser executado em servidores Linux, do tipo Unix ou Windows. O PHP é uma óptima opção, porque é rápido, gratuito e flexível.

Todas as aplicações Web têm muitas funcionalidades em comum. Essa funcionalidade pode incluir coisas como a ligação à base de dados, a autenticação do utilizador e assim por diante. O que queremos evitar é recriar funcionalidades que já existem, não só porque isso nos torna menos produtivos no desenvolvimento do nosso projeto, mas também na sua manutenção. Este é um problema que pode ser resolvido pelas frameworks.

Uma estrutura é uma coleção de funcionalidades, publicada, mantida e geralmente disponível gratuitamente. As frameworks estão bem organizadas e estruturadas e a maior parte delas fornece uma grande quantidade de funcionalidades, o que nos permite aumentar a nossa produtividade, desenvolvendo a nossa aplicação mais rapidamente.

Além disso, a maioria das estruturas tem uma comunidade de utilizadores muito ativa com a qual podemos interagir enquanto programadores.

Existem muitas estruturas PHP de código aberto diferentes que podemos selecionar para utilizar no nosso projeto e vamos comparar as 6 mais populares.

2.3.1 Zend

A Zend [24] (Figura 1.3) é única entre as estruturas PHP, pois é apoiada pela Zend Technologies, que foi fundada por dois dos principais colaboradores da linguagem PHP. Fornece uma vasta funcionalidade, incluindo base de dados, registo, correio eletrónico e, claro, o padrão de conceção MVC e, tal como a maioria das estruturas, também fornece um sistema de cache.

O Zend framework 3 é a versão mais recente. Esta estrutura está a ser utilizada em muitas aplicações diferentes, incluindo um carrinho de compras de comércio eletrónico muito popular, chamado Magento.

Figura 1.3: Logotipo do ZendFramework

Em geral, a Zend é a mais comercial das estruturas PHP que iremos analisar. As suas vantagens são o elevado número de bibliotecas disponíveis, a base de código bem testada, o suporte empresarial e uma boa documentação e ajuda. Por outro lado, é criticado pela sua curva de aprendizagem acentuada para programadores menos experientes e não é tão popular ou ativo como era.

2.3.1 Codeigniter

Ao contrário das outras estruturas, o Codeigniter [25] (Figura 1.4) tem uma dimensão muito reduzida, mas permite um desenvolvimento rápido de aplicações Web. O Codeigniter faz isso fornecendo um conjunto de bibliotecas para resolver problemas comuns de funcionalidade de aplicações Web. Tem uma ligação indireta com o padrão de conceção MVC, mas os modelos são opcionais na estrutura Codeigniter.

A aplicação web resultante desenvolvida com codeigniter é, em geral, mais rápida do que a maioria das outras grandes estruturas PHP. Também é significativamente mais fácil de configurar do que muitas das outras estruturas. Está atualmente na versão 3.1.0.

Figura 1.4: Logotipo do Codeigniter

Um dos problemas que se tornam evidentes quando um programador começa a explorar as estruturas disponíveis para desenvolver em PHP é a documentação e é aqui que o Codeigniter se destaca. Tem uma documentação muito boa, pelo que a curva de aprendizagem para utilizar o Codeigniter para criar aplicações Web dinâmicas não é tão acentuada como noutras estruturas.

2.3.2 CakePHP

O CakePHP [26] (Figura 1.5) é outra estrutura PHP de código aberto. O seu objetivo é o desenvolvimento rápido e a velocidade de adoção, especialmente a implementação do máximo de funcionalidades possível escrevendo o mínimo de código possível. Os programadores que a utilizam afirmam que isto é verdade. O CakePHP é frequentemente criticado pela falta de flexibilidade para além do básico e pelo seu desempenho.

Figura 1.5: Logótipo do CakePHP

Foi originalmente criado em 2006 por um programador polaco que procurava construir uma arquitetura mais semelhante à do Ruby on Rails para programadores de PHP. Atualmente, encontra-se na versão 3.3. Uma das vantagens de usar o CakePHP é o facto de ter a interface de linha de comandos Bake. Isto permite-nos fazer coisas na linha de comandos que nos podem poupar muito tempo.

2.3.4 Symfony

Symfony [27] (Figura 1.6) é há muito tempo uma das estruturas PHP mais populares e por uma boa razão. Tem uma comunidade de base de código sólida e uma boa documentação. A própria estrutura tem muito a oferecer. É flexível, usa uma arquitetura modular decente, tem uma caixa de ferramentas profunda e não é demasiado complicada para começar. Symfony é apoiado por uma empresa chamada SensioLabs.

Figura 1.6: Logótipo Symfony

A estrutura está atualmente na versão 3.1 e é distribuída com a licença MIT, que é a licença mais flexível que existe. Os componentes Symfony são extremamente portáteis e, de facto, são utilizados em muitas outras aplicações, incluindo Drupal, phpBB e Laravel, que é outra estrutura PHP que veremos a seguir.

2.3.5 Laravel

Laravel [28] (Figura 1.7) é relativamente novo no mercado de frameworks php, tendo sido lançado apenas em 2011. Já alcançou a versão 5.3. No momento em que este artigo foi escrito, Laravel é o framework PHP número um por uma margem decente. Após a versão 4, houve algumas críticas de que estavam a fazer versões demasiado rápidas e de que cada versão estava a substituir e a tornar obsoleta a anterior, pelo que abrandaram o ritmo e parece estar muito mais estável.

Figura 1.7: Logótipo do Laravel

Como a maioria das estruturas, o Laravel fornece soluções para as tarefas comuns que enfrentamos todos os dias na criação de aplicações Web. O Laravel também fornece uma extensa documentação que facilita a curva de aprendizagem.

2.3.6 Yii

Yii [29] (Figura 1.8) é um acrónimo de Yes It Is e significa "Simples e Revolucionário" em chinês. Esta framework foi criada em 2008 para ser uma framework de alto desempenho e na sua versão inicial era verdadeira. O Yii é gerido pela Yii Software LLC e foi desenvolvido principalmente para ser utilizado em aplicações de grande escala. Utiliza a nova licença BSD que é muito flexível.

Uma das grandes vantagens do Yii é o facto de as aplicações Web que construímos com esta estrutura serem de fácil manutenção. Para além do rápido desenvolvimento de aplicações proporcionado pelo Yii, temos a capacidade de construir serviços web. Isto para além de todos os outros componentes comuns da estrutura, tais como: tratamento de erros, registo, acesso a bases de dados, etc.

Como mencionámos acima, foi desenvolvido para obter um melhor desempenho e encontra-se atualmente na versão 2.0.6, que foi lançada recentemente (outubro de 2016).

Figura 1.8: Logótipo da Yiiframework

Agora que analisámos todas as estruturas, temos uma ideia melhor do que cada uma oferece e isso pode ajudar-nos na nossa seleção.

O que não vai fazer é apresentar tabelas comparativas sobre o ORM que está a ser utilizado e a versão de PHP suportada. Pode encontrar facilmente estas informações na Internet.

Queremos analisar os verdadeiros critérios de seleção para escolher um quadro e, em seguida, discutir os quadros nesse contexto.

2.3.3 Estilo e filosofia de codificação

Muitas destas questões são uma preferência pessoal. Por exemplo, preferes preparar o teu código em linha de comandos? Gosta do estilo Ruby on Rails ou prefere o estilo J2EE? Um resumo dos frameworks descritos anteriormente pode ser encontrado abaixo:

- A estrutura Zend enfatiza a simplicidade e a extensibilidade, as boas práticas de orientação a objectos e é fracamente acoplada

- A filosofia do Symfony é acelerar a criação e a manutenção, e acabar com as tarefas repetitivas. Foi criado com o Ruby on Rails em mente.

- A filosofia do Codeigniter é ser simples, elegante e poderoso, mas com uma pegada pequena. É uma estrutura muito leve.

- O objetivo do CakePHP é construir aplicações web de forma mais simples e rápida, utilizando menos código. A sua filosofia é inspirada no Ruby on Rails, especialmente na ideia de "convenção sobre a configuração".

- O Yii tem como objetivo um elevado desempenho e um perfil discreto. Ele se inspira em PRADO, Symfony e Joomla!

- A filosofia do Laravel é "PHP que não faz mal". Não sei se isso é realmente verdade ou hiperbólico, mas tens de experimentar e ver por ti próprio.

2.3.4 Dimensão da equipa

Quanto maior for a equipa, mais precisamos de dividir o código em unidades mais pequenas para evitar fusões complicadas. Todas as estruturas são MVC, mas o Yii e o Zend foram especificamente concebidos para utilização empresarial.

2.3.5 Integração e compatibilidade

Existe alguma outra aplicação com a qual teremos de integrar a nossa aplicação? Temos de ter a certeza de que a nossa estrutura será compatível com a base de dados da nossa escolha e com as aplicações de terceiros que iremos utilizar. Parte disto será analisar a própria estrutura, outra parte será encontrar extensões na estrutura. Mas é fundamental porque pode evitar muita codificação que teremos de fazer a partir do zero.

- O Zend Framework suporta: MySQL, PostgreSQL, MS SQL e SQLite

- Symfony via Doctrine suporta: MySQL, PostgreSQL, Oracle, SQLite e MongoDB usando um ODM especial

- O Codeigniter suporta: MySQL, MS SQL, PostgreSQL, Oracle, SQLite e ODBC

- O CakePHP suporta: MySQL, PostgreSQL, MS SQL e SQLite

- O Yii suporta: MySQL, MariaDB, SQLite, PostgreSQL, CUBRID, Oracle, MS SQL e existem conectores especiais para Sphinx, Redis, MongoDB e Elasticsearch

- O Laravel suporta: MySQL, PostgreSQL, SQLite, MS SQL, Redis e Elastic Path

2.3.6 Características e possibilidade de personalização

De que características e funcionalidades vamos precisar na nossa aplicação? Algumas estruturas vêm pré-preparadas com uma base de dados de utilizadores e um paradigma de autenticação completos, outras têm de ser construídas de raiz.

2.3.7 Desempenho

Apesar de o desempenho ser importante, torna-se menos importante com o passar do tempo. Dado que a maioria destas estruturas ainda está limitada pelo desempenho do próprio PHP e a maioria delas tem uma arquitetura de pilha completa, não há uma grande diferença entre elas. Dito isto, há uma pequena diferença e algumas são construídas para o desempenho, como o Codeigniter e o Yii. São mais rápidas em comparação com o que muitos consideram ser uma estrutura pesada como o Zend ou o CakePHP.

2.3.8 Apoio e formação

Vamos precisar de algum tipo de suporte certificado para a nossa aplicação? Há determinadas estruturas que o fornecem e outras não.

A formação "oficial" é oferecida apenas por: Zend, Symfony e CakePHP

2.3.9 Base do programador

Vamos encontrar programadores? Como este será um grande projeto e precisamos de muitos programadores, é importante escolher um ambiente que nos permita encontrar facilmente bons programadores.

Determinar a base de programadores é um pouco difícil. Há algumas coisas que podemos fazer para, pelo menos, ter uma ideia da popularidade destas estruturas e de quem está a trabalhar nelas. Um lugar para procurar é um site chamado http://hotframeworks.com. Ele pega dados do Github e do Stackoverflow e os utiliza para determinar a atividade desses frameworks. (Figura 2.1).

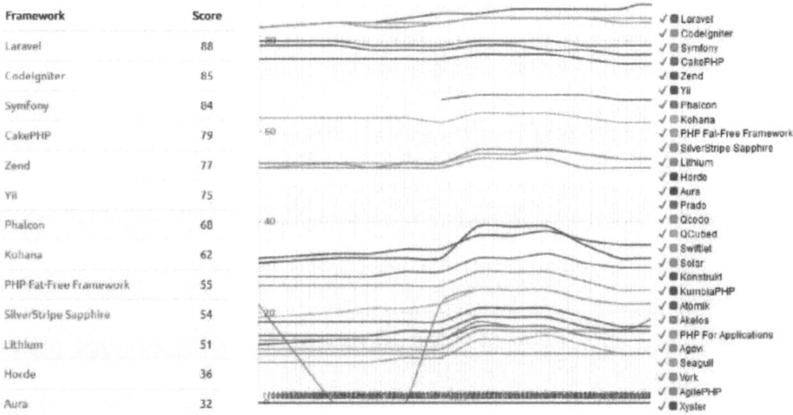

Figura 2.1: Estruturas PHP populares

Observe que os 6 primeiros frameworks são os que analisamos aqui. Repare também que depois disso, há uma rápida descida para Kohana. Se olharmos para o stackoverflow (Figura 2.2) podemos ver que existem mais de 15 mil tags de perguntas sobre a framework Yii. A última pergunta foi feita há cerca de 1 hora e tem 2 respostas. Portanto, essas são questões que estão sendo consideradas. Quantas, com que frequência e quão recentes são as perguntas feitas? Elas são respondidas ou ficam sem resposta?

Imagem 2.2: Yii no StackOverflow

2.3.14 Atividade do projeto

Quão ativo é o projeto? Isto pode ser importante ou não. Como medida geral, indica-nos a rapidez com que o projeto está a evoluir e a ser atualizado e corrigido. Regra geral, muita atividade é bom. Dito isto, o Codeigniter tinha o maior número de visitas há apenas alguns anos, mas abrandou um pouco o seu desenvolvimento e, nesse intervalo, o Laravel passou para o topo.

Todas estas estruturas mantêm os seus repositórios no GitHub. O GitHub tem uma secção especial de tendências e é possível filtrar por idioma (Figura 2.3). Isto dir-nos-á quão populares são estes projectos PHP.

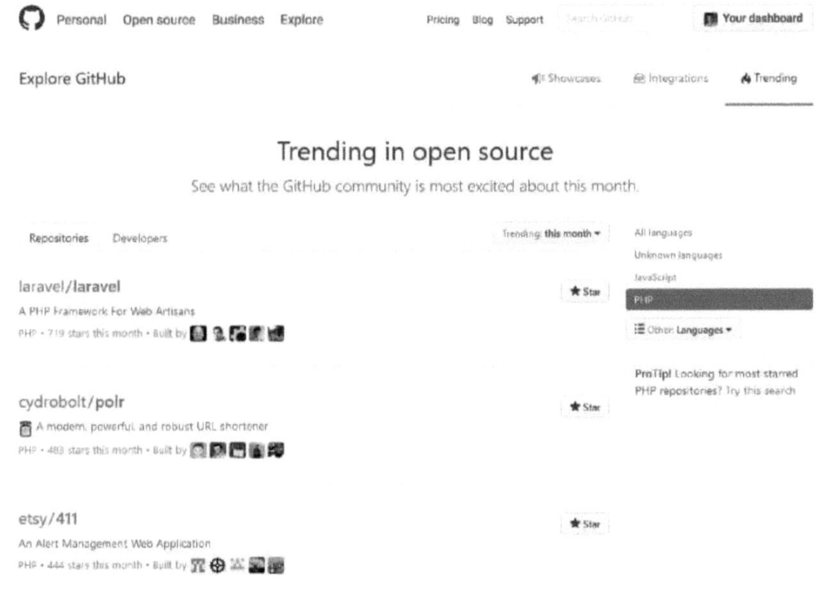

Figura 2.3: Tendências em projectos de código aberto pelo GitHub

Pode ver que o Laravel é o mais popular e o Yii está alguns projectos abaixo, bem como o Codeigniter.

Outro sítio a consultar é o sítio Web OpenHub [30]. Ele nos dirá uma série de coisas diferentes sobre esses frameworks. Analisa o GitHub, mas também outros repositórios e locais para elementos relacionados especificamente com estes projectos. Indica quanto tempo foi gasto no desenvolvimento de cada estrutura, quantos commits foram feitos, quantos colaboradores estão a contribuir para um projeto, em que linguagem está escrito o código, quantos commits por mês e até quem são alguns dos principais colaboradores. (Figura 2.4).

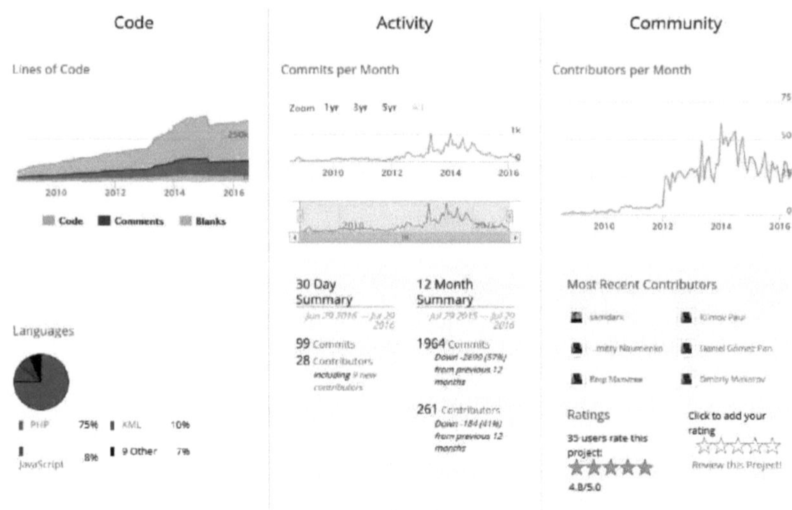

Figura 2.4: OpenHub

2.3.15 Licença

Todos os frameworks que analisámos são open source e quase todos têm uma licença MIT ou a nova licença BSD, que são muito flexíveis. O único que deve preocupar-se é o Codeigniter, que tem uma licença Apache BSD personalizada que é um pouco mais rigorosa.

Assim, tudo o que foi dito acima conduziu à decisão sobre qual a estrutura PHP a utilizar no nosso projeto.

Depois de considerar as necessidades da nossa aplicação, escolhemos a estrutura Yii porque, na nossa opinião, é adequada para uma aplicação de grande escala, altamente extensível e fácil de afinar para obter um melhor desempenho.

2.4 Quadro móvel híbrido

Atualmente, mais de 99% da quota de mercado dos sistemas operativos móveis é coberta pelo Android, iOS e Windows Phone (imagem 2.5).

Period	Android	iOS	Windows Phone	Others
2015Q3	84.3%	13.4%	1.8%	0.5%
2015Q4	79.6%	18.6%	1.2%	0.5%
2016Q1	83.4%	15.4%	0.8%	0.4%
2016Q2	87.6%	11.7%	0.4%	0.3%

Figura 2.5: Quota de mercado dos smartphones OS (Fonte: IDC, agosto de 2016 [31])

Existem três tipos de aplicações móveis: aplicações nativas, aplicações Web e aplicações híbridas.

As aplicações nativas são descarregadas da App Store ou do Google Play e escritas numa linguagem nativa, também conhecida como Java, Objective-c ou Swift. A aplicação reside no próprio dispositivo e tem acesso total às API da plataforma (por exemplo, câmara, áudio, rede, GPS, etc.). Tem um desempenho muito bom e o código-fonte só funciona nas plataformas visadas.

A aplicação Web é um sítio Web concebido para dispositivos móveis que, por vezes, tenta imitar o design nativo e é escrito em HTML, CSS e Javascript. As ligações de rede são um requisito para o seu funcionamento. A principal vantagem de uma aplicação Web é o facto de ser multiplataforma e fácil de desenvolver, mas é extremamente limitada em termos de acesso à API e não está disponível nas lojas de aplicações.

Uma aplicação híbrida é uma aplicação que tem uma camada nativa com HTML, CSS e Javascript incorporados. Tem acesso à API do telemóvel através de um middleware e está disponível nas lojas de aplicações. Nos últimos anos, as aplicações híbridas conquistaram uma grande parte do mercado, devido ao facto de poderem ser tão poderosas como as aplicações nativas, mas utilizando um código-fonte para todas as plataformas.

Aqui veremos quatro estruturas de aplicações móveis híbridas.

2.4.1 Iónico

A estrutura Ionic [32] (Figura 2.6) é um SDK escalável para o desenvolvimento de aplicações móveis híbridas. É construído sobre o AngularJS, que é uma estrutura javascript muito popular apoiada pelo Google. Utiliza o Apache Cordova para ser traduzido nativamente para Android, iOS e Windows e ser instalado nas respectivas lojas de aplicações. É uma estrutura de código aberto sob a licença MIT. O Ionic foi criado pela Drifty em 2013 e, no momento em que este artigo foi escrito, eles acabaram de lançar a versão 2.0.

Imagem 2.6: Logótipo da estrutura Ionic

2.4.2 Quadro 7

A Framework 7 [33] (Figura 2.7) é outra framework gratuita e de código aberto na mesma categoria que a Ionic. Também é usado para prototipagem rápida. É possível criar aplicações iOS e Android utilizando apenas HTML, CSS e Javascript. A Framework 7 oferece um conjunto de funcionalidades nativas, como deslizar para trás, deslocação, animação, etc. Inclui também uma série de elementos gráficos prontos a utilizar, como modais, painéis, etc.

Imagem 2.7: Logótipo do Framework 7

2.4.3 Angular Ul móvel

O Mobile Angular UI [34] (Figura 2.8) é uma estrutura móvel baseada no AngularJS e no Twitter Bootstrap. Estende a estrutura Bootstrap 3 com elementos como barras laterais, interruptores, áreas de deslocação, barras de navegação, etc. Para uma melhor experiência móvel, utiliza bibliotecas como overthrow.js e fastclick.js.

É uma estrutura de código aberto licenciada ao abrigo da licença permissiva MIT e o seu código-fonte está disponível no Github.

Figura 2.8: Logótipo da IU angular móvel

2.4.4 Onsen UI

Onsen UI [35] (Figura 2.9) é o novo concorrente do Ionic. É também uma estrutura de código aberto sob a licença Apache. Para os componentes de IU, utiliza as directivas Topcoat e AngularJS, mas pode optar por não utilizar Angular e utilizar jQuery. O Onsen UI também oferece um grande número de componentes, prontos a utilizar em aplicações para telemóveis, tablets e computadores. Para utilizar a versão nativa, precisará do Cordova ou do Phonegap. Os programadores que estão a utilizar esta estrutura dizem que tem um desempenho muito bom.

Imagem 2.9: Logótipo Onsen UI

2.4.5 Conclusão

Todos os quadros acima referidos têm os seus prós e contras. Elas utilizam abordagens muito semelhantes. Para a nossa aplicação, vamos utilizar o Ionic porque, nos últimos 3 anos, não tem mostrado qualquer abrandamento no desenvolvimento e, ultimamente, lançaram uma nova versão que utiliza o Typescript para envolver os plug-ins do Cordova, o que penso que vale a pena experimentar.

2.5 Outras ferramentas importantes

Houve outras ferramentas de código aberto utilizadas no nosso projeto que penso que vale a pena mencionar. Vamos ver algumas delas.

2.5.1 Vagrant

Para o nosso projeto, vamos precisar de um servidor Web. Por esse motivo, como mencionado acima, instalaremos uma pilha LAMP. Como programador, já passei muitas horas a instalar e a configurar servidores Web. A forma como costumávamos fazer isto era instalar todos os programas na nossa máquina, começando pelo servidor Web Apache, depois o PHP e os seus módulos e, por fim, o sistema de gestão de bases de dados MySQL. O problema desta abordagem é que, de cada vez que actualizávamos o PHP, os nossos projectos antigos ficavam avariados, porque tinham sido criados para funcionar com versões mais antigas do PHP. Agora imagine que todos os programadores que vão contribuir para este projeto têm de ter as mesmas versões do PHP e todos os módulos necessários instalados, mesmo que tenham sistemas operativos diferentes. Na maioria das vezes, não é a instalação que é difícil, mas a configuração do sistema. Isto pode levar a problemas em que as coisas estão a funcionar bem no ambiente de desenvolvimento, mas não na produção.

Outra caraterística que complica ainda mais as coisas é o facto de um programador poder trabalhar em diferentes projectos que necessitam de configurações diferentes.

Todos esses problemas podem ser resolvidos com o uso do Vagrant [36]. Vagrant é um software de código aberto criado por Mitchell Hashimoto para construir e manter ambientes virtuais de desenvolvimento.

O Vagrant usará a virtualização para criar um ambiente com todas as ferramentas necessárias instaladas e configuradas. Depois, cada programador pode espelhar esta instalação com algumas linhas de código num ficheiro chamado Vagranfile, sem tocar no seu sistema operativo principal.

2.5.2 GNU/Linux

Para o desenvolvimento do nosso projeto vamos utilizar o Ubuntu 14.04 que é uma distribuição GNU/Linux. Se o software de código aberto fosse uma família, o GNU/Linux seria definitivamente o pai.

Usando apenas as nove linhas seguintes dentro do vagrantfile e digitando *'vagrant up'* na nossa consola, uma nova máquina virtual é criada em questão de minutos.

```
Vagrant.configure("2") do |config|

    config.vm.box = "ubuntu/trusty64"

    config.vm.provision :shell, path: "vagrant.sh"

    config.vm.network :forwarded_port, guest: 80, host: 4000

    config.vm.synced_folder ".", "/vagrant", id: "vagrant-root",

        owner: "vagrant",

        group: "www-data",

        mount_options: ["dmode=775,fmode=664"]

end
```

2.5.3 Netbeans

Para escrever e testar o nosso software, precisamos de um ambiente de desenvolvimento integrado (IDE). Existem muitos IDE populares, mas vou usar o NetBeans [37], que é de código aberto e tem uma grande comunidade de programadores que o apoiam.

2.5.4 Lápis

Outro software de código aberto que utilizaremos no nosso projeto é o Pencil [38]. O Pencil é uma ferramenta de prototipagem de IU e está disponível em todas as plataformas. Ao utilizar este programa, vamos criar os wireframes para a nossa aplicação web e móvel.

2.5.5 LibreOffice

O presente documento foi redigido no LibreOffice [39], que é uma poderosa suite de escritório gratuita e de código aberto.

3 Fluxo de trabalho de colaboração

Muitas pessoas pensam que um projeto de código aberto é publicado depois de ter sido criado, para que outros utilizadores o possam utilizar, estudar ou alterar. Na verdade, a maior parte do software de código aberto é criada de forma aberta ao público. Isto significa que todo o código fonte e toda a informação necessária para o projeto, como dados, design e protocolos, estão sempre disponíveis para todos. Até a comunicação entre os programadores é pública e não existe contacto individual por correio eletrónico, telefone ou qualquer outro meio privado.

Este capítulo abordará todo o fluxo de trabalho de colaboração e as ferramentas necessárias para o nosso projeto.

3.1   Trabalhar em bugs e funcionalidades

O fluxo de trabalho de colaboração que vamos utilizar para este projeto chama-se fluxo de trabalho triangular (Figura 3.1).

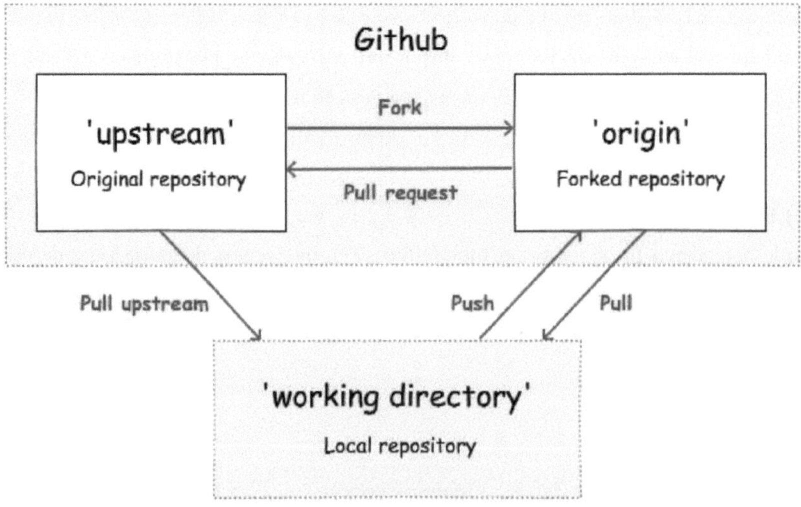

Figura 3.1: Fluxo de trabalho do triângulo

O que temos aqui é o repositório original, sentado no github, que chamaremos de 'upstream'. Este é o repositório para o qual os programadores farão contribuições.

No repositório upstream existem apenas algumas pessoas que têm acesso de escrita. No início, apenas o programador principal tem este direito; mais tarde, ele/ela pode dar o direito de submeter a outros programadores principais.

Para que outros programadores possam contribuir para este projeto, terão de fazer uma cópia do mesmo no Github. Este processo é chamado de bifurcação e o repositório bifurcado é chamado de "origem".

Se o programador quiser mais tarde trabalhar neste repositório, terá de o descarregar para um computador local. Isto é feito através da clonagem do repositório bifurcado para um repositório local. Quando ele terminar de fazer as alterações, como ele não pode enviar diretamente para o upstream, ele precisará enviar de volta para a 'origem' e, a partir daí, ele pode criar um 'pull request' para o repositório upstream original. Isto significa que ele está a pedir à pessoa que detém o repositório upstream para fazer o pull das alterações que ele fez.

O repositório upstream está constantemente a mudar, pelo que todos os programadores têm de assumir que, assim que fizerem o fork do repositório upstream, este pode mudar. Para atualizar o repositório local com as últimas alterações no repositório a montante, os programadores têm de extrair essas alterações diretamente do repositório a montante. Caso contrário, se tentarem submeter um pull request sem atualizar, não funcionará porque estará desatualizado. Isto completa a terceira etapa do fluxo de trabalho do triângulo.

Este fluxo de trabalho pode ser difícil de compreender e lembrar, especialmente para programadores que não têm experiência no desenvolvimento de equipas, por isso criei um pequeno tutorial [40] e carreguei-o no Github. Aqui estão os passos que um programador deve seguir:

1. Certifique-se de que existe um problema criado para aquilo em que está a trabalhar, assumindo que é necessário um esforço significativo para o corrigir.

Todas as correcções de erros e novas funcionalidades devem ter um problema associado para fornecer um único ponto de referência para documentação e discussão. Se não existirem problemas que correspondam ao que está a tentar fazer, crie um pull request diretamente se for uma correção simples ou abra um novo problema.

2. Obter o código mais recente do ramo principal do 'eventkit'

Para se certificar de que está a trabalhar com o código mais recente, deve começar a partir deste ponto para cada nova contribuição.

```
$ git checkout master
$ git pull upstream master
```

3. Crie um novo ramo para a sua funcionalidade com base no ramo principal atual.

Cada alteração ou correção de erro deve ir para o seu próprio ramo. Para que o ramo seja descritivo, deve começar com o número do problema com o qual o seu código está relacionado. Se não estiver a corrigir nenhum problema específico, não utilize o número. Por exemplo:

```
$ git checkout -b 888-name-of-your-branch
```

4. Faça a sua magia e escreva o seu código

Todo o código deve seguir a norma de codificação PSR-2 [41][Apêndice B]. Certifique-se de que funciona.

5. Confirmar todas as suas alterações

```
$ git add --all
$ git commit -m "Resolve #888: A brief description of this change"
```

6. Puxe o código mais recente do ramo upstream, faça o rebase e aplique as suas alterações. Antes de fazer push do seu código para o GitHub, certifique-se de que integrou as alterações upstream no seu repositório local.

```
$ git checkout master
$ git pull upstream master
```

```
$ git checkout 888-name-of-your-branch
$ git rebase master
```

Desta forma, as suas alterações podem ser fundidas mais rapidamente, com um clique.

Esmagar os commits. Apesar de este passo nem sempre ser necessário, é-o se o seu histórico de commits estiver cheio de commits pequenos e menores.

7. Envie o seu código para o GitHub

```
$ git rebase -i master
```

8. Abrir um pull request contra o 'upstream'

```
$ git push -u origin 888-name-of-your-branch
```

Vá para o seu repositório no GitHub e clique em "Pull Request", escolha o ramo 'develop' como o ramo base e o '888-nome-do-seu-ramo' como o ramo principal e insira alguns comentários na caixa. Para ligar o problema com o pull request, coloque em qualquer lugar no comentário do pull o número do problema (#888). Note que cada pull-request deve corrigir apenas uma alteração.

9. Alguém da equipa de desenvolvimento irá rever o seu código

Alguém irá rever o código e poderá ser-lhe pedido que faça algumas alterações. Se assim for, volte ao passo #5 (não abra outro pull request se o atual não estiver fechado). Se a sua alteração for aceite, será integrada no ramo principal do upstream e será lançada na próxima versão.

10. Limpar o seu código

Depois de o seu código ter sido recusado ou aceite, pode apagar todos os ramos com que trabalhou do seu repositório local e da 'origin'.

```
$ git checkout master
```

```
$ git branch -D 888-name-of-your-branch
$ git push origin --delete 888-name-of-your-branch
```

3.2 Controlo de versões

No mundo do desenvolvimento de software existe um sítio chamado "o inferno das dependências". Quanto mais pacotes forem integrados no software, maior será a probabilidade de nos encontrarmos nesse lugar, se não fizermos algo para gerir corretamente as versões.

Para o nosso projeto, utilizaremos o Versionamento Semântico ou SemVer [42]. O termo Versão Semântica é uma forma de numerar uma versão de software e é algo que está a ser cada vez mais adotado por diferentes projectos de software. Aqui vou explicar exatamente o que é o "Versionamento Semântico", como funciona e quais são os benefícios da sua utilização.

Uma vez que vamos utilizar uma API RESTful pública e as pessoas vão utilizar diferentes versões da aplicação móvel que dela dependem, o Semantic Versioning vai ajudar a acompanhar as alterações na API e a ver se estas a vão quebrar.

O SemVer utiliza um sistema de três números (Figura 3.2): A versão maior, a versão menor e o patch.

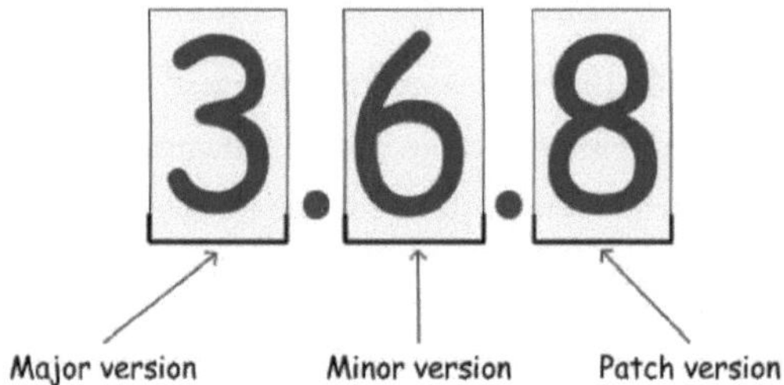

Figura 3.2: Exemplo deSemVer

O próximo passo é analisar cada um dos números individualmente.

Um incremento na versão principal irá quebrar a API. Não há retrocompatibilidade com a API antiga. Assim, no nosso exemplo, a versão 3.*.* não é compatível com a versão 2.*.* deste software. Uma alteração na versão secundária não interromperá a API. Por exemplo, a versão 2.6.* será compatível com a versão 2.5.* deste software. Este número é incrementado quando são adicionadas novas funcionalidades ao software ou mesmo grandes alterações, mas sem quebrar a compatibilidade com versões anteriores.

O último número (patch) destina-se a correcções de erros. Assim, sempre que efectuarmos uma atualização de segurança, corrigirmos um ou mais erros ou melhorarmos qualquer funcionalidade, a nova versão incrementará apenas o número do patch. Nunca quebrará a compatibilidade com versões anteriores.

Assim, cada número indica um tipo diferente de alterações e, olhando apenas para o número da versão, podemos saber qual é o estado deste software. Por exemplo, na imagem acima, estamos na terceira versão principal, ou seja, houve duas versões principais que quebraram a compatibilidade com versões anteriores no passado. Estamos na sexta versão secundária, o que significa que houve seis novas versões com alterações de funcionalidades e estamos na oitava versão de correção, o que significa que, após as seis versões secundárias, houve 8 versões para correção de erros.

4 Desenvolvimento de projectos

Vamos falar muito sobre o nosso projeto, por isso, a primeira coisa que queremos fazer é escrever uma descrição do projeto. Esta será utilizada sempre que alguém quiser saber mais sobre o projeto. Pode ter o seguinte aspeto:

> *O EventKit é uma estrutura de código aberto que ajuda as pessoas a organizar*
> *conferências bem sucedidas*
> *utilizando uma aplicação Web e móvel de fácil utilização.*

Com apenas uma frase, explicamos qual o problema que resolve, como o resolve e para quem. Embora, por enquanto, esteja bem, iremos revê-la com o tempo.

Outra questão que temos de considerar neste ponto é o alojamento do nosso projeto. Como mencionado acima, o GitHub é a melhor escolha. Para além do repositório gratuito que oferece, tem um rastreador de problemas muito bom. Como líder do projeto, este é o sítio que mais utilizarei. Também disponibiliza uma ferramenta wiki que utilizaremos mais tarde.

Acabámos de criar o primeiro repositório [43] para a aplicação web e a primeira coisa que fiz foi criar um ficheiro README.md. Este ficheiro vai estar na raiz do nosso projeto e vai partilhar a mesma informação muito importante:

- O nome e a descrição do projeto
- Os requisitos dos projectos
- Um mini tutorial sobre como preparar o ambiente de desenvolvimento
- O fluxo de trabalho de colaboração
- Onde encontrar o rastreador de problemas

O GitHub apresentará este ficheiro na página inicial do projeto e também será incluído em todas as versões.

Rastreador de problemas

O Issue Tracker do GitHub é ótimo, mas vamos melhorá-lo com uma ferramenta chamada Waffle. O

Waffle mostrará todos os problemas do GitHub em tempo real num quadro Kanban (Figura 4.1).

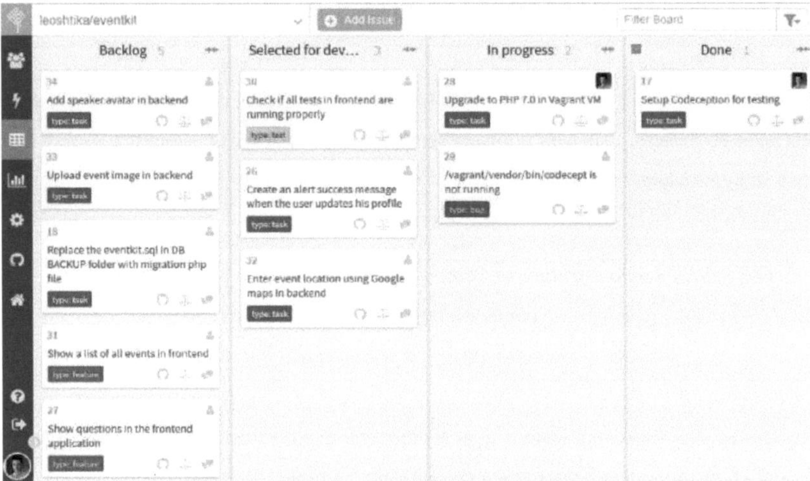

Figura 4.1: Tábua de waffles do nosso projeto

Outra coisa que vamos fazer para o nosso projeto é criar um ficheiro de registo de alterações. Este ficheiro irá registar todas as alterações ao longo do tempo e informará os utilizadores sobre as alterações da próxima versão. Deve conter as funcionalidades ou correcções de erros, mas não todas as mensagens de commit.

Se um utilizador corrigiu um erro, é uma boa prática incluir o seu nome no registo de alterações. Um exemplo pode ser encontrado abaixo:

> *Correção de erro #20:O cabeçalho de autorização não é recebido nas chamadas API.*
>
> *Obrigado ao Mário pela correção.*

4.1 Aplicação Web

Iremos construir uma aplicação web de raiz para um produto completo. Esta aplicação terá 3 partes principais:

- Aplicação de front-end
- Aplicação backend
- API RESTful

O frontend será a aplicação com a qual o visitante/utilizador irá interagir diretamente. Nesta fase do projeto, após algum brainstorming, elaborei uma lista de ecrãs que o nosso frontend deveria ter.

* Home (a página inicial da aplicação)
* Sobre (algumas palavras sobre a aplicação)
* Contacto (informações de contacto e um formulário de contacto)
* Registo (formulário de registo para os visitantes)
* Iniciar sessão (formulário de início de sessão utilizando as credenciais criadas na etapa de registo)
    ° Atualizar perfil (se um utilizador já tiver iniciado sessão, pode atualizar o seu perfil)
    ° Terminar sessão
* Eventos (lista de todos os eventos disponíveis)
    ° Sessões (todas as sessões do evento selecionado)
    ° Oradores (todos os oradores do evento selecionado)
    ° Perguntas (um utilizador pode enviar uma pergunta a um orador e ver a lista de todas as perguntas.

Para já, a lista é suficiente. Iremos adicionar mais funcionalidades no futuro.

A aplicação backend é onde os administradores do sítio Web gerem todos os dados que serão apresentados na aplicação frontend e na aplicação móvel. Por isso, criar uma lista de ecrãs para a aplicação backend é mais simples. Eis a lista inicial:

* Painel de controlo (a página que apresenta resumos, análises, etc.)
* Eventos (criar, visualizar, atualizar, eliminar eventos)
    ° Sessões (criar, visualizar, atualizar, eliminar eventos)
    ° Oradores (criar, visualizar, atualizar, eliminar oradores)
    ° Perguntas (criar, visualizar, atualizar, eliminar perguntas)
    ° Utilizadores (criar, visualizar, atualizar, eliminar utilizadores)
    ° Definições (definições gerais da aplicação)
* Ajuda
* Iniciar sessão (formulário de início de sessão apenas para administradores)
    ° Terminar sessão

A razão pela qual estamos a construir separadamente o frontend e o backend é a separação de preocupações, que é um princípio de conceção que consiste em separar secções diferentes.

4.1.1 Quadros de fios da Web

O Wireframing é uma etapa muito importante no processo de desenvolvimento. Os wireframes são um guia visual ou uma planta de uma aplicação. Normalmente, não têm cores ou gráficos, uma vez que o principal objetivo é o conteúdo, o comportamento e a funcionalidade.

Para esboçar os nossos wireframes, utilizaremos o software pencil, que é uma excelente ferramenta de prototipagem de código aberto (Figuras 4.2 - 4.4).

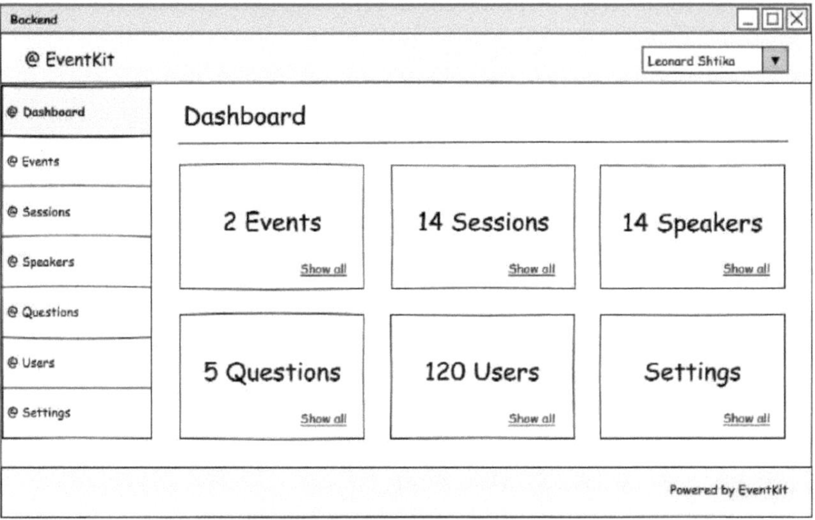

Figura 4.2: Painel de controlo

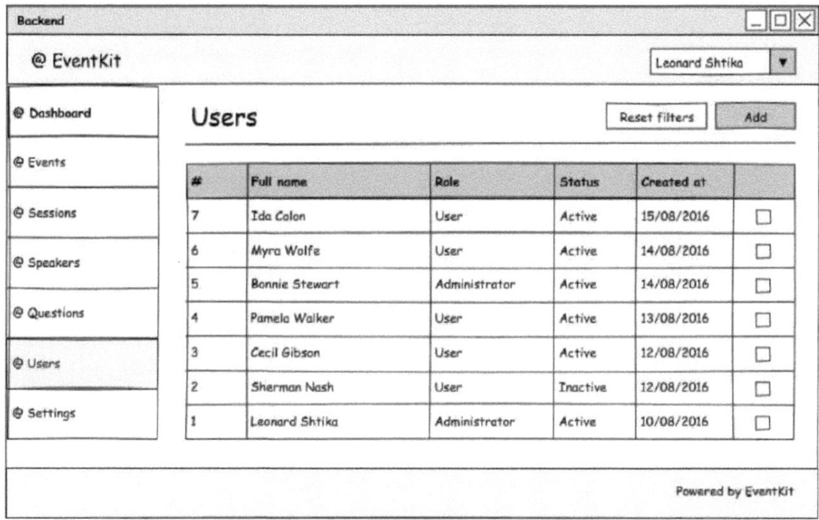

Figura 4.3: Utilizadores

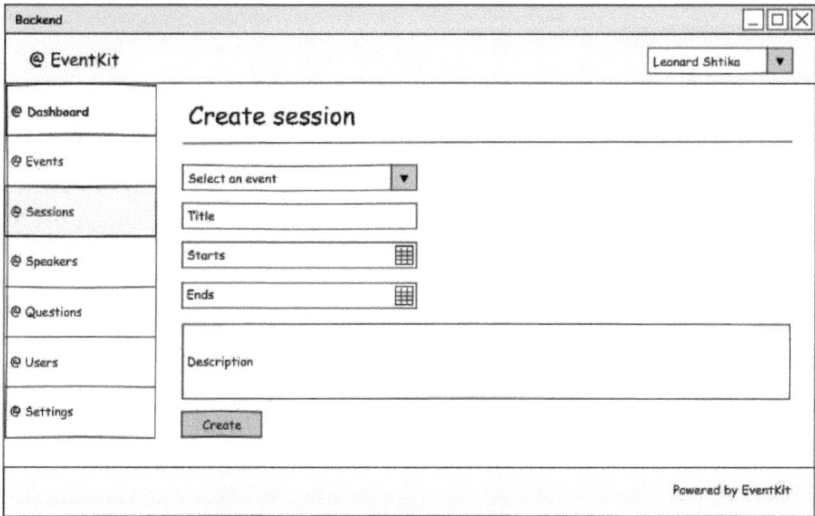

Figura 4.4: 'Criar uma estrutura de fios

4.1.2 Conceção da base de dados

Utilizando a informação dos wireframes, podemos agora desenhar a nossa base de dados. Não tem de ser perfeita, porque irá mudar várias vezes no futuro, mas precisamos de um ponto de partida. Pensamos que a seguinte base de dados será suficiente para já (Figura 4.5).

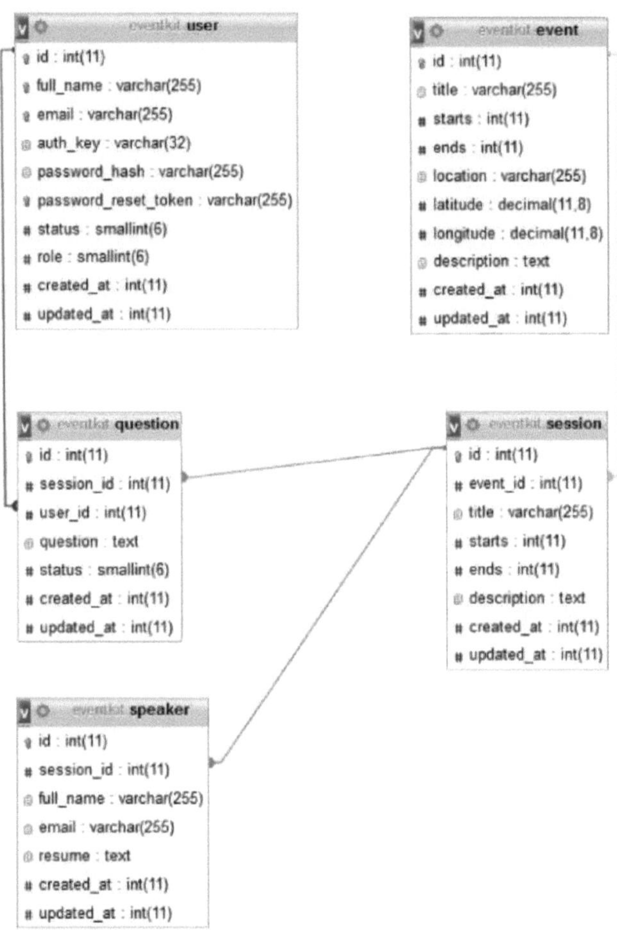

Figura 4.5: Esquema da base de dados

4.1.3 Implementação

Pretendemos que o EventKit seja uma aplicação de alta qualidade, com bom desempenho e facilmente escalável. Esta é a razão pela qual a estrutura Yii2 foi selecionada como plataforma de desenvolvimento, uma vez que fornece um padrão Model-View-Controller [44] com um ambiente de programação estruturado. Ajudar-nos-á a criar uma aplicação facilmente extensível e reutilizável.

Preparar o ambiente de desenvolvimento

Queríamos que a preparação do ambiente de desenvolvimento fosse um processo rápido e fácil, para que os colaboradores se pudessem concentrar no desenvolvimento e não na configuração de todas as ferramentas. Por esta razão, preparámos uma máquina virtual utilizando o Vagrant e instalámos nela todas as ferramentas necessárias.

Depois exportámos as definições de configuração para um ficheiro vagrant.sh (Apêndice A). Agora todos os novos contribuidores podem usar o seguinte tutorial simples para ter o seu ambiente a funcionar num instante.

Este tutorial está disponível no ficheiro README.md na raiz do projeto. Mais especificamente:

1. Bifurcar o repositório "eventkit" no GitHub e clonar a bifurcação para o seu ambiente de desenvolvimento

```
$ git clone https://github.com/YOUR-GITHUB-USERNAME/eventkit.git
```

2. Adicione o repositório principal 'eventkit' como um git remoto adicional chamado "upstream"

```
$ git remote add upstream https://github.com/leoshtika/eventkit.git
```

3. Instalar a pilha LAMP com o Vagrant

```
$ vagrant up
$ vagrant ssh
$ cd /vagrant
```

Agora você está dentro da VM e na pasta /vagrant. Todos os comandos subsequentes serão executados a partir daqui.

4. Instalar dependências

```
$ composer global require "fxp/composer-asset-plugin:~1.1.1"
$ composer install
```

5. Inicializar a aplicação

```
$ php init
```

Selecionar [0] Ambiente de desenvolvimento

6. Instalar o phpmyadmin

```
$ sudo apt-get install phpmyadmin
```

Abrir o phpmyadmin a partir de: http://localhost:4000/phpmyadmin nome de utilizador: root, palavra-passe: passl23

7. Configurar a base de dados

Criar uma base de dados e dar-lhe o nome de eventkit

Abra o ficheiro common/config/main-local.php e altere host = localhost, dbname = eventkit, username = root & password = passl23

Utilizando o phpmyadmin, importe a base de dados eventkit.sql da pasta DB BACKUP.

Depois de concluir as etapas acima, os utilizadores podem agora abrir a aplicação e brincar com ela.

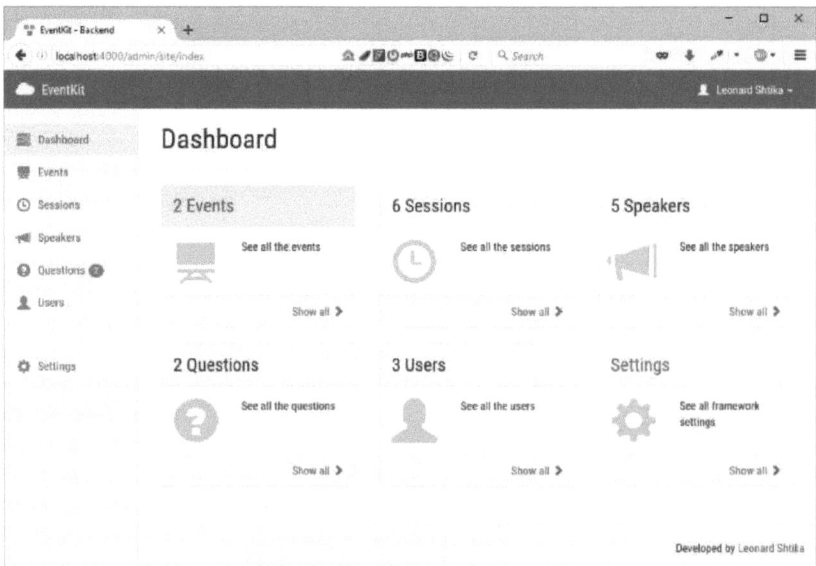

Figura 4.6: Painel de controlo

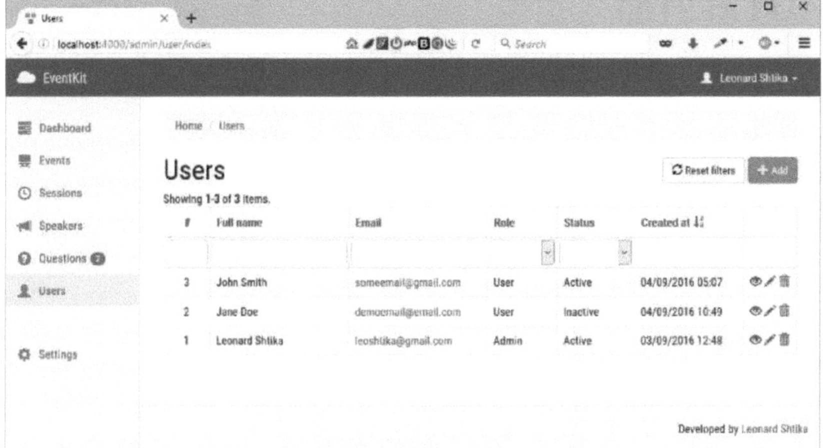

Figura 4.7: Utilizadores

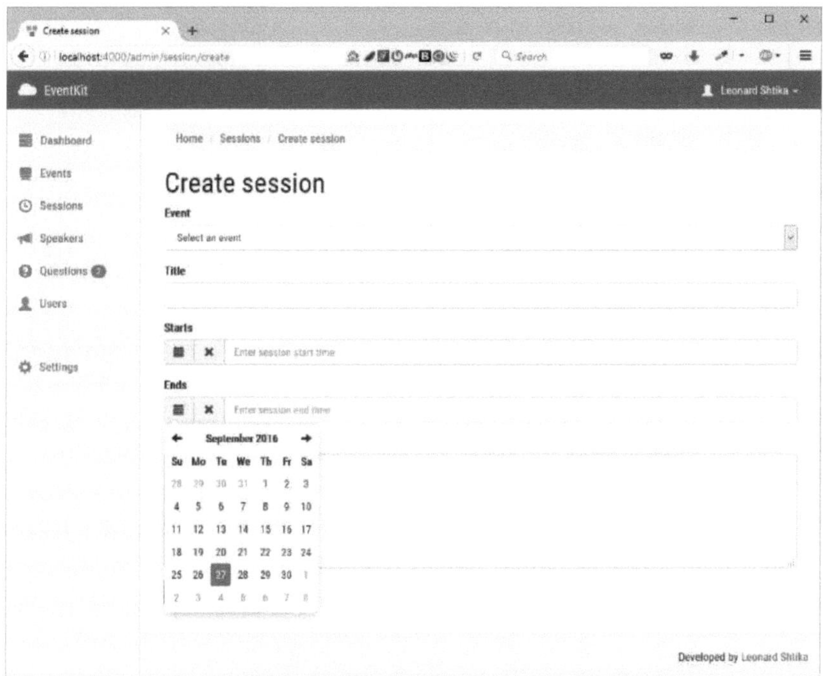

Figura 4.8: Nova sessão

4.2   API RESTful

Utilizaremos uma API RESTful para facilitar a comunicação entre a aplicação Web e a aplicação móvel.

REST [45] é um estilo de arquitetura que utiliza chamadas HTTP para a comunicação entre sistemas informáticos. Trata-se de um mecanismo simples de pedido e resposta.

Para a nossa aplicação, criámos os seguintes pontos finais:

Iniciar sessão num utilizador existente

Request	**POST** user/login
Params	email, password
Headers	Content-type: application/json; charset=utf-8
Response	Status: 200 OK

Criar um novo utilizador

Request	**POST** user/create
Params	email, password, full_name
Response	Status: 201 OK, 422 Data validation failed

Obter os detalhes do utilizador

Request	**Get** user/account
Headers	Content-type: application/json; charset=utf-8 Authorization: Bearer QNmLJ3MwWBNJrdGQEqrBQJWc-vmQZgc7
Response	Status: 200 OK {

	"email": "leoshtika@gmail.com", "full_name": "Leonard Shtika", "avatar_url": "https://secure.gravatar.com/avatar/8888", "created_at": 1476000714, "updated_at": 1476472150 }

Obter todos os altifalantes

Request	**Get** user/speakers
Headers	Content-type: application/json; charset=utf-8

Response	Status: 200 OK
	
	[
	
	  {
	
	    "id": "1",
	
	    "session_id": "1",
	
	    "full_name": "Laura Kalbag",
	
	    "email": "laura@ind.ie",
	
	    "resume": "Text of the resume.",
	
	    "created_at": "1476007003",
	
	    "updated_at": "1476007003"
	
	  }
	
	]

Obter todas as sessões

Request	**Get** user/sessions
Params	

Response	Status: 200 OK
	
	``json
	[
	  {
	    "id": "1",
	    "title": "Ethical Design",
	    "starts": "1495270800",
	    "ends": "1495273500",
	    "description": "This is the description of the session.",
	    "event": "DEVit Conference 2017",
	    "speaker_id": "1",
	    "speaker_name": "Laura Kalbag"
	  }
	]
	``

Colocar uma pergunta para uma sessão específica

Request	**POST** user/questions
Params	session_id, question
Headers	Content-type: application/json; charset=utf-8 Authorization: Bearer QNmLJ3MwWBNJrdGQEqrBQJWc-vmQZgc7

Response	Status: 201 OK
	
	``json
	[
	  {
	    "message": "Your question was sent successfully"
	  }
	]
	``

Obter todas as perguntas de uma sessão

Request	**Get** questions/session/{session_id}
Params	session_id

Response	Status: 200 OK
	
	[
	   {
	      "id": "29",
	      "user_name": "Leonard Shtika",
	      "question": "Isn't this a good question?",
	      "status": "20",
	      "created_at": "1479656888",
	      "updated_at": "1479657583"
	   }
	]

4.3 Aplicação móvel

Queremos criar uma aplicação móvel para Android (smartphone e tablet), iOS (iPhone e iPad) e Windows phone. Nos últimos anos, desenvolver uma aplicação móvel em todas estas versões era uma tarefa muito difícil, não só de criar, mas também de manter. Isto significa que era necessário escrever Java para a versão Android, Objective C ou Swift para iOS e *C#* para Windows phone. É quase impossível dominar todas estas linguagens e acompanhar as suas alterações.

Hoje temos uma solução melhor. Vamos criar a nossa aplicação móvel utilizando o Ionic, o Angu- larJS e o Cordova. Estas ferramentas utilizam tecnologias que um programador Web já conhece.

Nos últimos anos, parece que tudo depende do Node [46] e o Ionic não é exceção. Depois de instalar o Node, o Ionic e o Cordova podem ser instalados com um único comando:

```
$ npm install -g cordova ionic
```

4.3.1 Wireframes móveis

Agora temos um ponto de partida e o próximo passo é descobrir a IU da nossa aplicação. Aqui temos muitas opções, mas há alguns layouts que são mais comuns numa aplicação móvel. Vamos escolher um layout de menu lateral, que arrasta e expõe o menu ao premir o botão de hambúrguer.

Aqui estão alguns wireframes do que estamos a tentar desenvolver (Figuras 4.9 - 4.11).

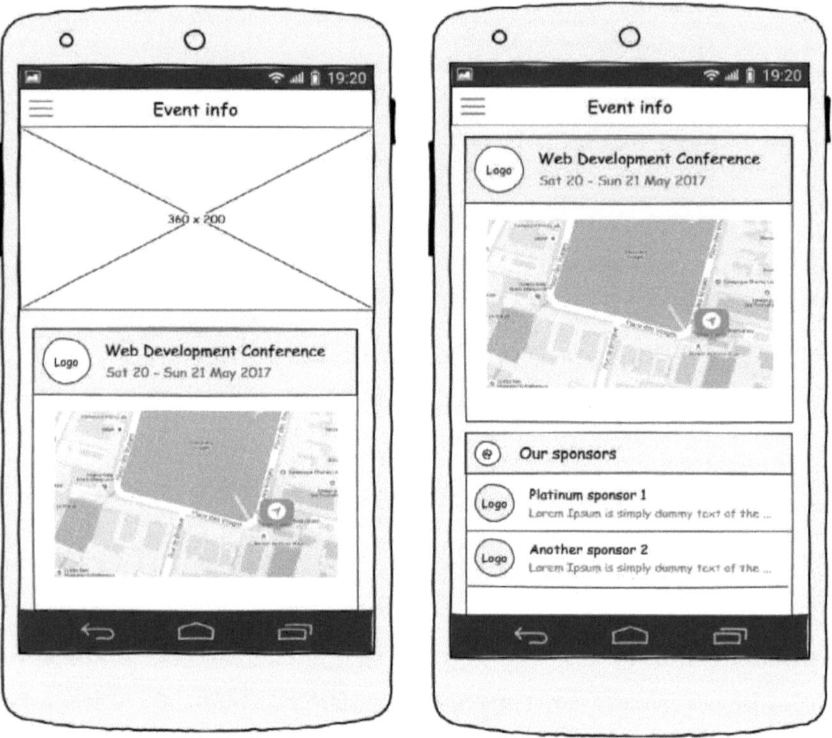

Figura 4.9: Ecrã de eventos (estrutura de arame)

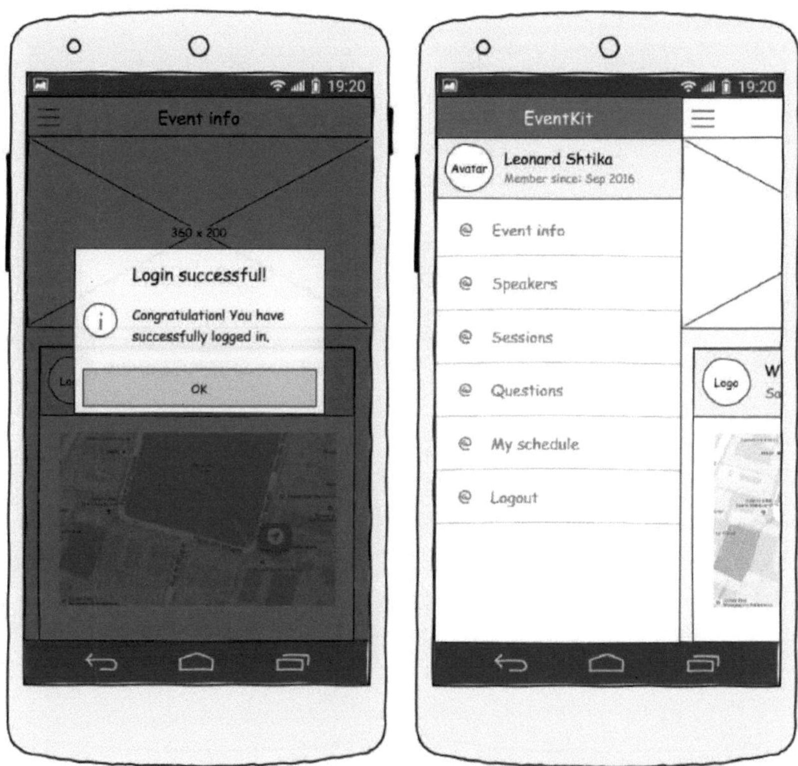

Figura 4.10: Login e menu lateral (wireframe)

Figura 4.11: Oradores da Listofa.il e uma página de orador (wireframe)

4.3.2 Implementação

Para ajudar os colaboradores a configurar o projeto, criámos um pequeno tutorial que está disponível na raiz do repositório da aplicação móvel [47] no GitHub.

1. Bifurcar o repositório "eventkit-mobile" no GitHub e clonar a bifurcação para o seu ambiente de desenvolvimento

```
$ git clone https://github.com/GITHUB-USERNAME/eventkit-mobile.git
```

2. Adicionar o repositório principal 'eventkit-mobile' como um remoto git adicional chamado "upstream"

```
$ git remote add upstream https://github.com/leoshtika/eventkit-mobile.git
```

3. Instalar dependências

```
$ ionic state reset
```

4. Executar a aplicação no browser (chrome)

```
$ ionic serve
```

Agora estamos prontos para começar a construir a nossa aplicação móvel.

3 meses, 60 commits e 25.000 linhas de código depois, o resultado é o seguinte.

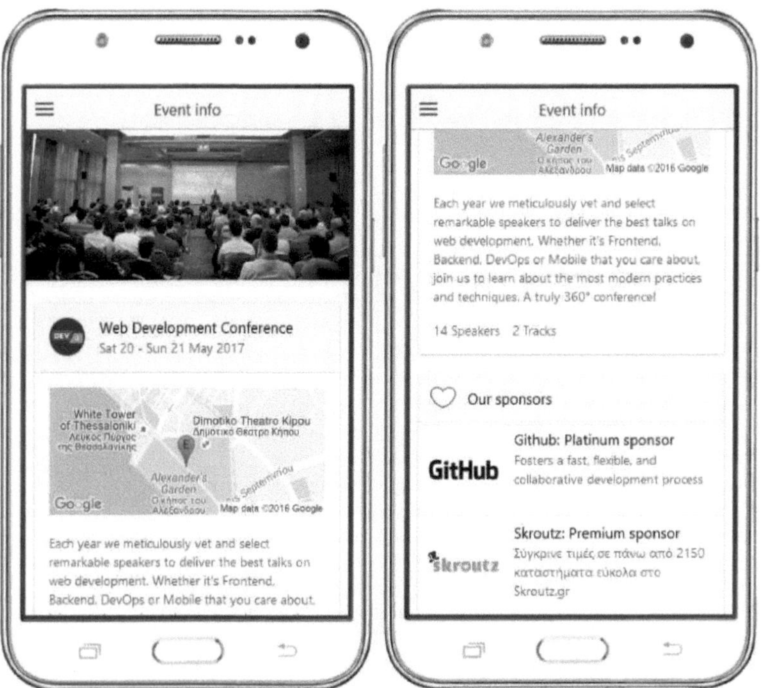

Figura 4.12: Ecrã de eventos

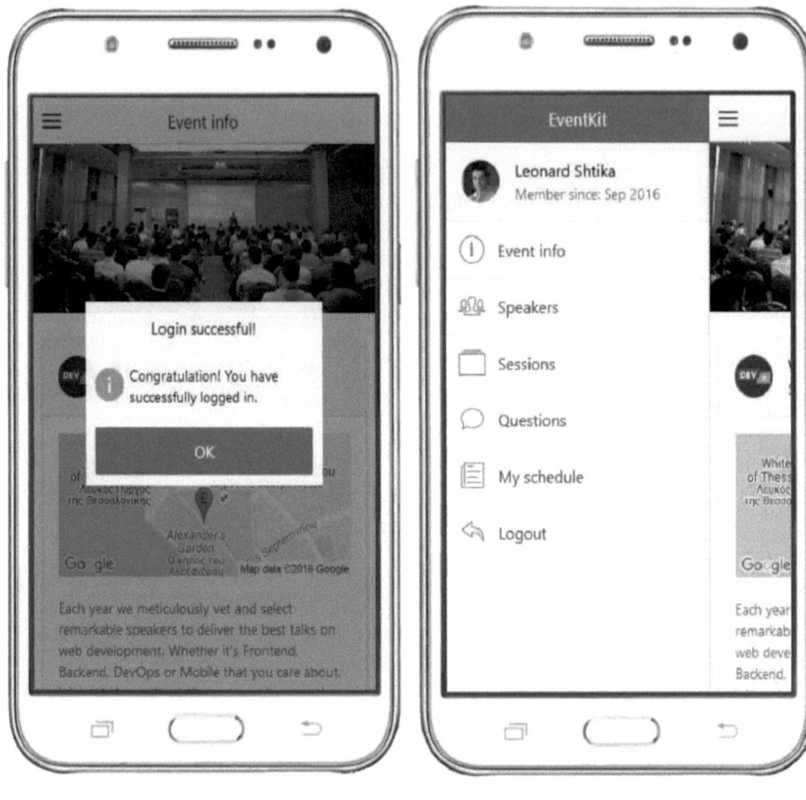

Figura 4.13: Início de sessão e menu lateral

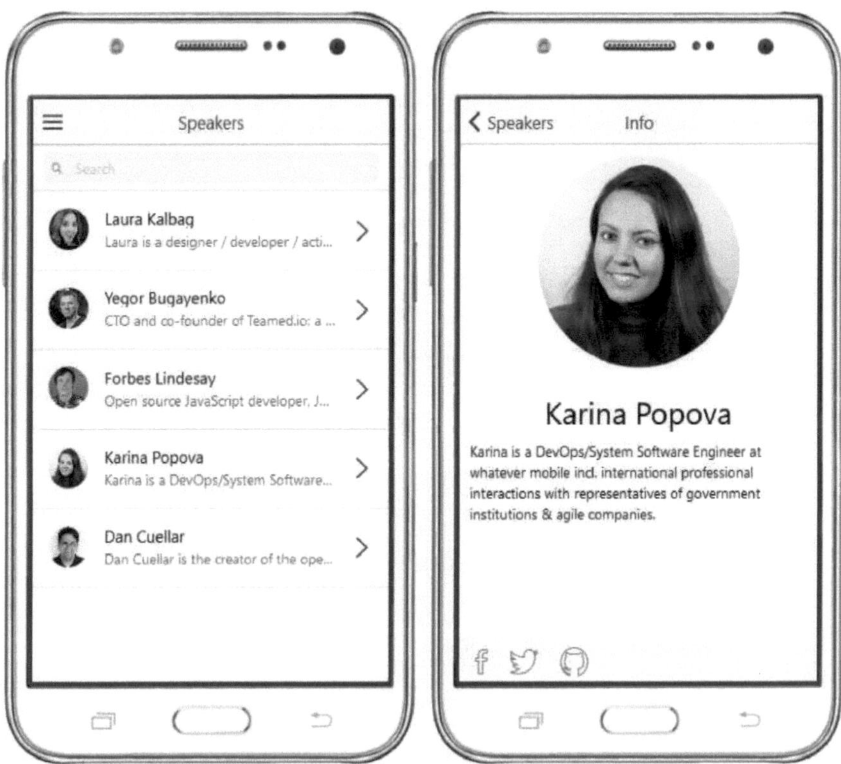

Figura 4.14: Lista de todos os oradores e uma página de orador

4.4 Sítio Web do projeto

A página inicial do nosso repositório GitHub tem bom aspeto, mas não é um sítio Web. Tem tudo a ver com o código e é dirigida aos programadores. E quanto a todos os outros utilizadores que não se interessam pelo código? É por isso que vamos construir um sítio Web. Aqui está a primeira versão do nosso sítio Web (Figura 4.15).

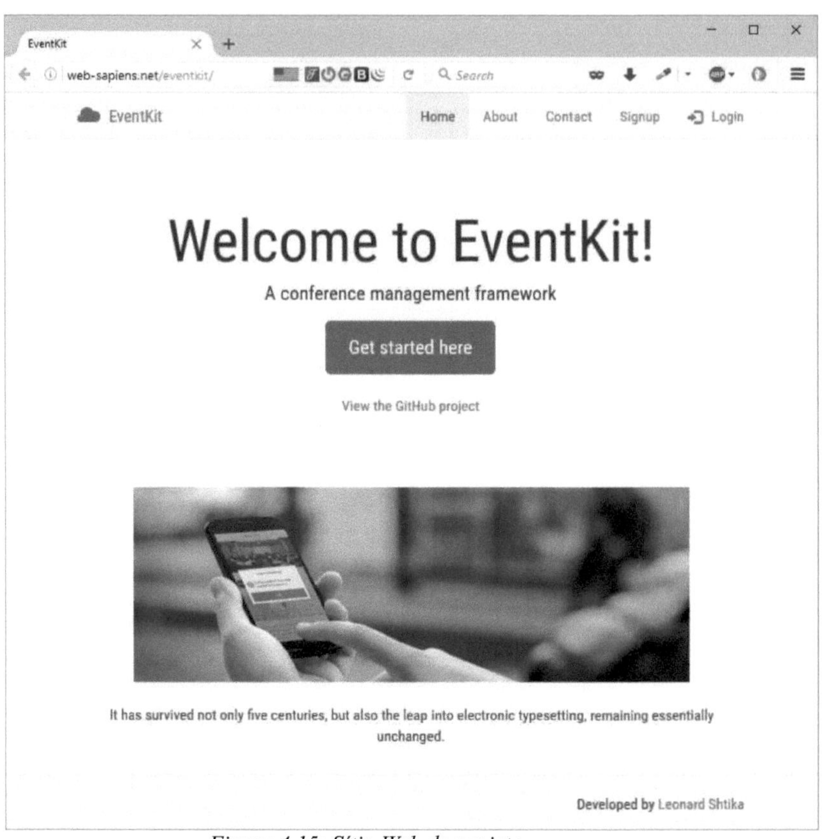

Figura 4.15: Sítio Web do projeto

4.5 Documentação

Para a maioria dos programadores, a documentação não é um trabalho divertido, mas todos os projectos precisam de uma, por isso vamos criá-la. Utilizaremos as páginas do Github [48] para a nossa documentação porque é fácil de criar e está alojada num repositório do Github. Por conseguinte, não temos de pagar por qualquer servidor ou manutenção. Esta é a primeira versão da nossa documentação (Figura 4.16).

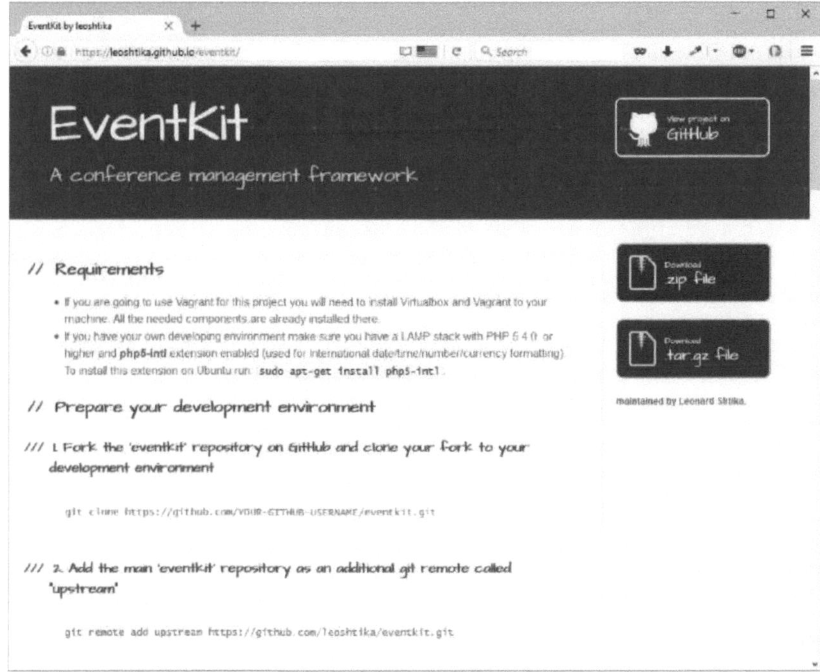

Figura 4.16: Documentação do projeto

4.6 Segurança e privacidade

Quando se trata de segurança, há duas coisas que temos de ter em mente. Filtrar as entradas e escapar às saídas. Esta é uma regra geral, independentemente da aplicação que está a ser desenvolvida.

Ao filtrar as entradas, quero dizer que os dados do utilizador devem ser sempre considerados inseguros e que temos de verificar se o valor que obtivemos é permitido. Por exemplo, se a ordenação dos eventos for feita por quatro campos: title, starts, location e updated_at e este campo for fornecido pelo utilizador, temos de verificar o valor antes de o adicionar a uma consulta.

Escapar à saída significa que, antes de mostrar os resultados de um pedido ao utilizador, temos de escapar a quaisquer caracteres especiais. Por exemplo, para o HTML devemos escapar '<' e a mesma coisa para o código Javascript, mas com um grupo diferente de caracteres.

Como não podemos escapar de tudo manualmente, o Yii fornece ferramentas de ajuda por esse motivo.

4.6.1 Injecções de SQL

A injeção de SQL é uma técnica em que um utilizador pode inserir um comando SQL numa instrução SQL, através de uma entrada não filtrada.

Uma injeção de SQL bem sucedida pode ler dados sensíveis da base de dados, alterar dados da base de dados ou mesmo executar operações administrativas na base de dados (como eliminar a base de dados).

Vejamos um exemplo de uma injeção de SQL que acontece quando uma cadeia de caracteres sem escape é concatenada no texto da consulta:

```
$title = $_GET['title'];
$query = "SELECT * FROM event WHERE title = '$title'";
```

Neste caso, um utilizador malicioso poderia dar à nossa aplicação algo como:

```
SELECT * FROM event WHERE title = ''; DROP TABLE event; --'
```

Esta é uma consulta válida que procurará eventos com um título vazio e, em seguida, eliminará a tabela de eventos.

Na nossa aplicação, vamos utilizar Active Records para as consultas à base de dados. Um Active Record utiliza instruções preparadas do PDO, o que impossibilita a manipulação de consultas.

4.6.2 Scripting entre sítios (XSS)

XSS é um tipo de vulnerabilidade de segurança encontrada em aplicações Web. Permite que os atacantes injectem scripts do lado do cliente numa página visualizada por outro utilizador. Se a saída não for escapada corretamente, como descrevemos anteriormente, um utilizador pode inserir código javascript no campo de título de um evento. Por exemplo:

```
<script>alert('Hi!');</script>
```

Como resultado, sempre que um utilizador abrir o evento, o código javascript será executado, fazendo aparecer um alerta.

Este é um alerta inocente, mas um utilizador malicioso pode utilizar diferentes tipos de scripts, desde o envio de mensagens com o seu nome até à realização de transacções bancárias.

Para evitar o XSS, devemos usar as técnicas de escape oferecidas pelo Yii para enviar como texto simples ou como HTML.

4.6.3 Falsificação de pedidos entre sítios (CSRF)

Um CSRF acontece quando um pedido que chega a um browser não é feito pelo próprio utilizador.

Por exemplo: www.a-test-website.com tem uma página de "logout" que pode ser acedida com um pedido GET. Se um utilizador malicioso publicar de alguma forma num blogue ou fórum algo como isto:

```
<img src="http://www.a-test-website.com/logout">
```

Todos os pedidos são iguais para um browser, pelo que este pedido de imagem irá terminar a sessão do visitante da página do sítio Web www.a-test-website.com. Agora imagine que alguém não está a enviar um simples logout, mas outros parâmetros para esta página. Por exemplo:

```
http://www.a-test-website.com/transfer?to=evilUser&amout=1000.
```

Só por aceder ao blogue ou ao fórum, este visitante enviará um pedido GET solicitando a transferência de 1000 euros para o "evilUser".

Evitar CSRF é simples com o Yii. Nós só precisamos seguir a especificação HTTP (ou seja, GET não deve alterar dados no servidor) e ativar a proteção CSRF do Yii.

4.6.4 Exposição de ficheiros

Devemos evitar a exposição de ficheiros que não estejam no diretório web. Isto é feito simplesmente negando o acesso a tudo exceto web, usando um ficheiro '.htaccess'.

4.6.5 Ferramentas de desenvolvimento na produção

No ambiente de desenvolvimento, a nossa aplicação produzirá erros bastante detalhados. Isto é muito útil para o desenvolvimento, mas num servidor de produção esta informação pode ser utilizada por um atacante.

A solução é desabilitar o YII_DEBUG em produção e usar o Gii apenas no servidor de desenvolvimento.

4.6.6   Utilizar uma ligação segura através de TLS

A nossa aplicação basear-se-á em cookies e sessões PHP. Se a ligação for comprometida, os dados do utilizador podem ser roubados. Isto pode ser resolvido utilizando uma ligação segura através de TLS.

4.6.7 Privacidade e proteção dos dados

A segurança do software de código aberto assenta na transparência, ao contrário do software de código fechado que aborda a proteção de dados através da obscuridade. Este facto não torna um mais seguro do que o outro.

As empresas que utilizam software de código aberto são responsáveis pela sua segurança e actualizações. A boa notícia é que existem muitas ferramentas online que detectam vulnerabilidades no software de código aberto.

Por outro lado, a privacidade dos dados é uma questão de controlo e o software de código aberto não só oferece um maior controlo dos dados, como também permite verificar um sistema mais profundamente para encontrar manipulações de dados.

5 Conclusão

Após quatro meses de desenvolvimento intensivo, 200 commits e 50 mil linhas de código (em ambos os repositórios), foi lançada a primeira grande versão do EventKit (versão Web [49] e móvel [50]) (imagens 4.17-4.18).

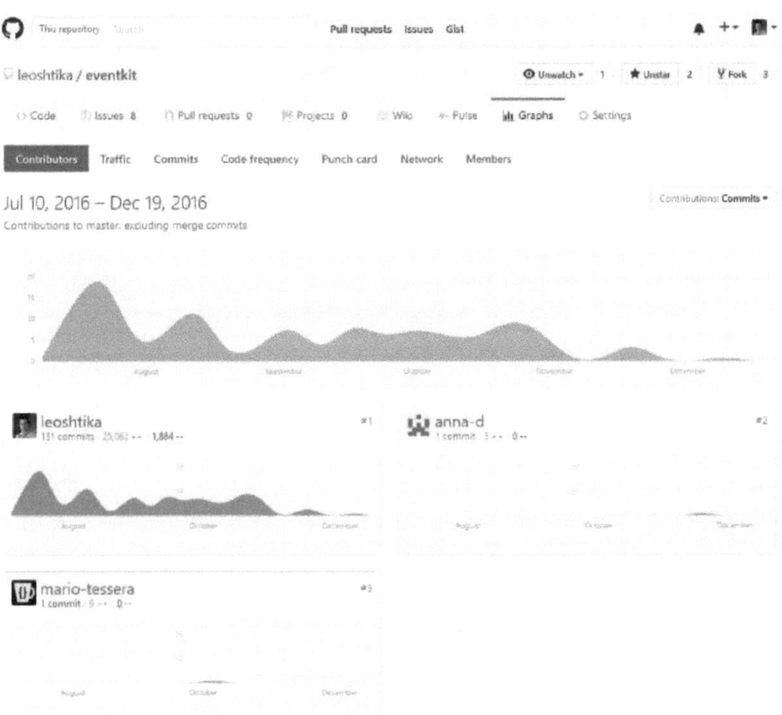

Picture 4.17: Contributors, commits

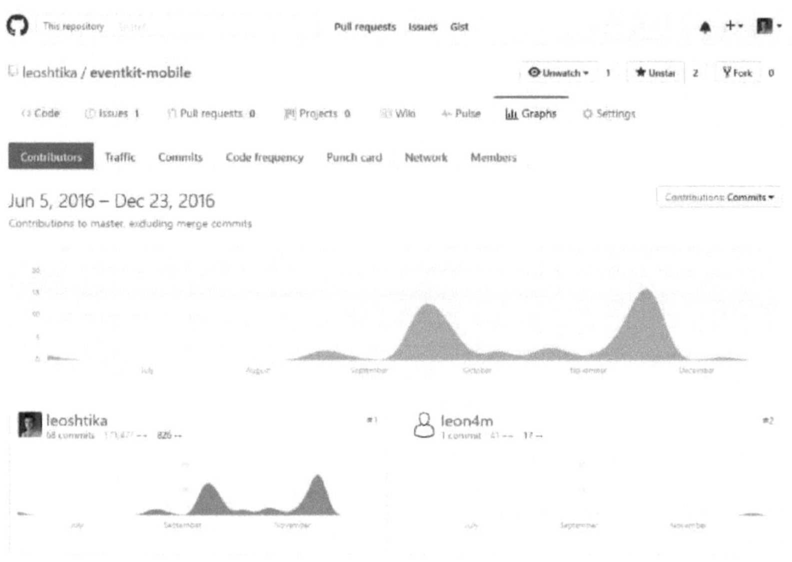

Figura 4.18: Contribuintes, compromissos

Na verdade, o primeiro desafio foi aprender a forma de código aberto. Tarefas como estabelecer normas de codificação, implementar revisões pelos pares, definir um fluxo de trabalho de colaboração não podem ser concluídas desde o início. Necessitarão constantemente de melhorias e adaptações para se adequarem à visão da comunidade.

Outro desafio deste projeto foi encontrar colaboradores e mantê-los motivados. Eis algumas coisas que podem ajudar nesse sentido.

Espalhar a palavra

Não espere que alguém veja o seu código e descubra por si próprio que está interessado no seu projeto. Escreva uma descrição do projeto e partilhe-a com o mundo através de blogues, fóruns e redes sociais. Se outros programadores acharem o projeto interessante, virão contribuir.

Descrição do projeto

Um projeto deve ter, pelo menos, um ficheiro "readme". Deve descrever o que o seu projeto está a fazer? Como é que alguém o pode instalar e configurar? Como é que alguém pode contribuir? Mesmo quem não é programador pode ajudar em diferentes tarefas.

Escrever código limpo

Será muito mais fácil para todos compreenderem o seu código, se seguir as normas e convenções da linguagem que está a escrever. Um código elegante e bons comentários também ajudam.

Ser reativo

Por vezes, é difícil ser reativo devido a outros compromissos, mas isto é importante. Tente responder o mais rapidamente possível aos colaboradores do projeto. Isto significa que pode dar por si a fundir commits aos fins-de-semana ou mesmo às 3 horas da manhã (Figura 4.19).

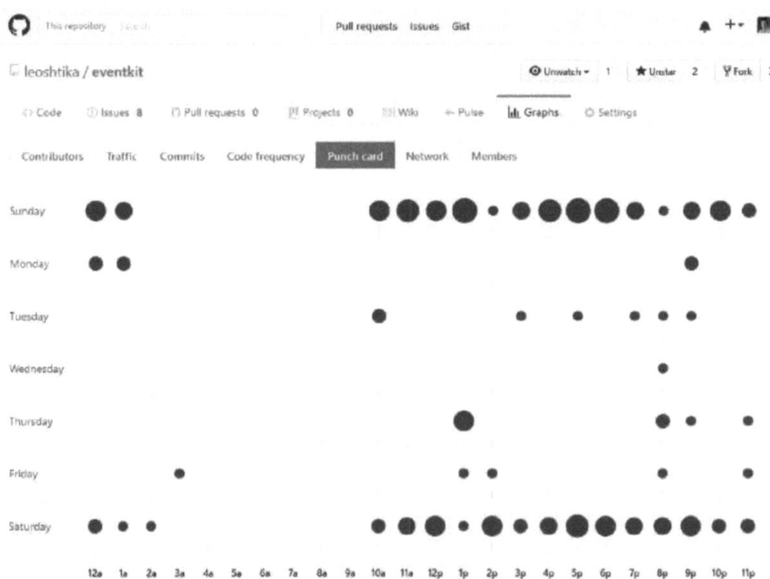

Figura 4.19: Cartão perfurado

Questões em aberto

Se alguém quiser contribuir, é mais fácil procurar no Rastreador de Problemas do que encontrar um e resolvê-lo. Tente abrir problemas simples para que novos contribuidores possam corrigi-los facilmente.

Construir algo bonito

Criar algo que não existe, ou algo melhor do que o que existe atualmente. Um projeto que ajudará os utilizadores a fazer algo facilmente.

Ser agradável e mostrar respeito

Sempre apreciado.

Embora existam alguns desafios no desenvolvimento de um projeto de código aberto, pensamos que os benefícios são muito maiores. Aprendemos muito nos últimos meses e desenvolvemos um novo conjunto de competências. Fazer parte de uma comunidade e retribuir à comunidade foi muito gratificante.

Também acreditamos que os princípios do código aberto podem aplicar-se para além do desenvolvimento de software e talvez mudar o mundo de uma forma semelhante à que o modelo de código aberto mudou o software.

6 Referências

1. [livro] Software livre, sociedade livre: Ensaios seleccionados de Richard M. Stallman (R Stallman - 2002) http://www.gnu.org/doc/fsfs3-paperback.pdf

2. http://www.fsf.org/

3. https://blog.lizardwrangler.eom/2008/01/22/january-22-1998-the-beginning-of- mozilla/

4. https://opensource.org/

5. https://www.gnu.org/licenses/

6. https://www.gnu.org/philosophy/free-sw.en.html/

7. https://opensource .org/licenses/category/

8. https://opensource.org/osd-annotated/

9. http://choosealicense.com/

10. A catedral e o bazar (E Raymond - Knowledge, Technology & Policy, 1999)

11. [livro] The Cathedral & the Bazaar: Reflexões sobre linux e open source por um revolucionário acidental (ES Raymond - 2001)

12. Desenvolvimento iterativo e incremental: Uma breve história - R Victor - IEEE Computer Society, 2003

13. Uma análise dos modelos de ciclo de vida de desenvolvimento de software de código aberto - M Saini, K Kaur-2014

14. http://agilemanifesto.org/

15. Software de código aberto. Uma avaliação - A Fuggetta - Journal of Systems and Software, 2003

16. Stefan Koch (2005) Desenvolvimento de software livre e de código aberto

17. Y Benkler (2002) Coase's Penguin, or, Linux and" The Nature of the Firm"

18. Walt Scacchi (2006) Editorial convidado Compreender os processos de desenvolvimento de software livre/de código aberto

19. https://git-scm.com

20. https://github.com

21. https://bitbucket.org

22. https://github.com/about

23. https://waffle.io

24. https://framework.zend.com/

25. https://www.codeigniter.com/

26. https://cakephp.org/

27. https://symfony.com/

28. https://laravel.com/

29. http://www.yiiframework.com/

30. https://www.openhub.net

31. https://www.idc.com

32. http://ionicframework.com/

33. https://framework7.io/

34. http://mobileangularui.com/

35. https://onsen.io/

36. https://www.vagrantup.com/

37. https://netbeans.org/

38. http://pencil.evolus.vn/

39. https://www.libreoffice.org/

40. https://github.com/leoshtika/eventkit/blob/master/README.md

41. http://www.php-fig.org/psr/psr-2/

42. http://semver.org/

43. https://github.com/leoshtika/eventkit

44. https://en.wikipedia.org/wiki/Model-view-controller

45. https://en.wikipedia.org/wiki/Representational_state_transfer

46. https://nodejs.org

47. https://github.com/leoshtika/eventkit-mobile

48. https://pages.github.com/

49. https://github.com/leoshtika/eventkit/releases

50. https://github.com/leoshtika/eventkit-mobile/releases

Apêndices

Apêndice A

```
#!/usr/bin/env bash
# Add repository for PHP (5.6 || 7.0)
add-apt-repository ppa:ondrej/php


# Update the list of available packages
apt-get -y update


# Install GIT
apt-get install -y git


# Installing Apache
apt-get install -y apache2


# Remove 'html' folder and add a symbolic link, only if it doesn't already exists
if ! [ -L /var/www/html ]; then
  rm -rf /var/www/html
  ln -fs /vagrant /var/www/html
fi


# Change AllowOverride in apache2.conf for the .htaccess to work
sed -i '/<Directory \/var\/www\/>/,/<\/Directory>/ s/AllowOverride None/AllowOver-
ride All/' /etc/apache2/apache2.conf
```

```bash
# Enable Apache's mod_rewrite
sudo a2enmod rewrite


# Installing MySQL and it's dependencies, Also, setting up root password for MySQL
as it will prompt to enter the password during installation
debconf-set-selections <<< 'mysql-server-5.5 mysql-server/root_password password
pass123'
debconf-set-selections <<< 'mysql-server-5.5 mysql-server/root_password_again pass-
word pass123'
apt-get -y install mysql-server libapache2-mod-auth-mysql


# Installing PHP and it's dependencies
# PHP 5.5 (this is the default and don't need ppa:ondrej/php)
# apt-get -y install php5 libapache2-mod-php5 php5-mcrypt curl php5-curl php5-intl
php5-imagick php5-mysql
# PHP 7.0 (from ppa:ondrej/php)
apt-get -y install php7.0 libapache2-mod-php7.0 php7.0-mcrypt curl php7.0-curl ph-
p7.0-intl php7.0-imagick php7.0-mysql php7.0-mbstring php7.0-xml php7.0-zip


# Install Composer
if [ ! -f /usr/local/bin/composer ]; then
    curl -sS https://getcomposer.org/installer | php
    mv composer.phar /usr/local/bin/composer
fi


# Install 'composer-asset-plugin'
echo "Installing Composer Asset Plugin"
composer global require "fxp/composer-asset-plugin:^1.2.0"
```

```bash
# Add an alias for codecept
echo "alias codecept='php /vagrant/vendor/bin/codecept'" >> /home/vagrant/.bashrc


# Download and configure 'adminer.php' to manage the MySQL database
if [ ! -f /usr/share/adminer.php ]; then
   wget -q -O adminer.php https://www.adminer.org/static/download/4.2.5/adminer-4.2.5-en.php
   mv adminer.php /usr/share/adminer.php


   # Create an alias for adminer, example: http://localhost:4000/adminer
   echo "alias /adminer '/usr/share/adminer.php'" >> /etc/apache2/sites-available/000-default.conf
fi


# Restart Apache
service apache2 restart

echo "==================================="
echo "Your LAMP stack is ready for use"
echo "==================================="
```

Apêndice B

- Os ficheiros DEVEM utilizar apenas as etiquetas <?php e <?=.

- Os ficheiros DEVEM utilizar apenas UTF-8 sem BOM para o código PHP.

- Os ficheiros DEVEM declarar símbolos (classes, funções, constantes, etc.) ou causar efeitos secundários (por exemplo, gerar saída, alterar definições .ini, etc.) mas NÃO DEVEM fazer ambos.

- Os espaços de nome e as classes DEVEM seguir um PSR de "carregamento automático": [PSR-0, PSR-4],

- Os nomes das classes DEVEM ser declarados em StudlyCaps.

- As constantes de classe DEVEM ser declaradas em maiúsculas com separadores de sublinhado.

- Os nomes dos métodos DEVEM ser declarados em camelCase.

- O código DEVE utilizar 4 espaços para a indentação e não tabulações.

- NÃO DEVE existir um limite rígido para o comprimento das linhas; o limite flexível DEVE ser de 120 caracteres; as linhas DEVEM ter 80 caracteres ou menos.

- DEVE haver uma linha em branco após a declaração do namespace e DEVE haver uma linha em branco após o bloco de declarações de uso.

- As chaves de abertura das classes DEVEM ir para a linha seguinte e as chaves de fecho DEVEM ir para a linha seguinte após o corpo.

- As chaves de abertura dos métodos DEVEM ir para a linha seguinte e as chaves de fecho DEVEM ir para a linha seguinte após o corpo.

- A visibilidade DEVE ser declarada em todas as propriedades e métodos; abstrato e final DEVEM ser declarados antes da visibilidade; estático DEVE ser declarado após a visibilidade.

- As palavras-chave de estruturas de controlo DEVEM ter um espaço a seguir; as chamadas de métodos e funções NÃO DEVEM.

- As chaves de abertura das estruturas de controlo DEVEM ficar na mesma linha, e as chaves de fecho

  As chavetas DEVEM ir para a linha seguinte após o corpo.

- Os parênteses de abertura das estruturas de controlo NÃO DEVEM ter um espaço a seguir, e os parênteses de fecho das estruturas de controlo NÃO DEVEM ter um espaço antes.

Buy your books fast and straightforward online - at one of world's fastest growing online book stores! Environmentally sound due to Print-on-Demand technologies.

Buy your books online at
www.morebooks.shop

Compre os seus livros mais rápido e diretamente na internet, em uma das livrarias on-line com o maior crescimento no mundo! Produção que protege o meio ambiente através das tecnologias de impressão sob demanda.

Compre os seus livros on-line em
www.morebooks.shop

Printed by Books on Demand GmbH, Norderstedt / Germany